ハンス・アルバート・アインシュタイン
彼の生涯と私たちの思い出

エリザベス・ロボズ・アインシュタイン　著
ロナルド・W・クラーク　序文
中藤達昭　福岡捷二　訳

技報堂出版

Iowa Institute of Hydraulic Research
The University of Iowa
Iowa City, Iowa 52242

Printed in the United States of America
Acid-free paper

Library of Congress
Cataloging-in-Publication Date
Einstein, Elizabeth Roboz.
Hans Albert Einstein: reminiscences of
his life and our life together / by
Elizabeth Roboz Einstein;
with a foreword by Ronald W. Clark
p. cm.
Includes bibliographical references.
ISBN 0-87414-083-8
1. Einstein, H. A. (Hans Albert), 1904-1973.
2. Einstein, Elizabeth Roboz.
3. Hydraulic engineers—United States—Biography.
4. Hydraulic engineers—Switzerland—Biography.
I. Title.
TC140.E38E38 1991 91-14045
627'.092'2—dc20 CIP
[B]

1973年、亡くなる2か月前のハンス・アルバート・アインシュタイン。

この本を私の夫、ハンス・アルバート・アインシュタインが教鞭を執った
カリフォルニア大学バークレー校に捧げます。
彼は、自らの科学への大望に花を咲かせ、
研究を受け継いでくれた学生たちと国際的なつながりを持ち、
素晴らしい環境の中で生きたのです。

序文

著名な父親の著名な息子ということになれば、君主、王族、公爵を除けば、歴史上稀なことです。十九世紀と二十世紀を通じて、文学でいえば、フィリップ・ヘンリー・ゴス（父）とエドモンド・ゴス（子）があげられます。ダーウィン親子とハックスリー一族は専門分野の違いで有名です。科学の分野で注目すべきはジョセフ・ジョン・トンプソンと息子のジョージ・パジェット・トンプソン、そしてジョン・スコット・ホールデンと乱暴息子ジョン・バードン・サンダースン・ホールデンです。そして家系に関してあまり知られていませんが、近代史で最も有名なユダヤ人、アルバート・アインシュタインの長男ハンス・アルバート・アインシュタインが浮かんできます。ハンス・アルバート・アインシュタインの生涯と研究が、かなり限られた仲間にだけ高く評価されていることは、彼が専門とした水理学がそう簡単にはトップニュースにならないという事実だけから生じたのではありません。物理学の根本原理に挑戦した父親の偉大さが、ハンス・アルバート・アインシュタインのなし遂げたことを低く評価することになりました。また、彼は控えめな性格から、自分の研究が十分評価されるか、小さな専門家グループ以外の人たちにも理解してもらえるかについて、一生を通じあまり気にしませんでした。ですから、エリザベス・ロボズ・アインシュタイン夫人がそのような評価を正すことは、価値あることなのです。

しかし、アインシュタイン夫人の貢献は、ドイツ人、スイス人、そしてアメリカ人となり、時間と空間が人類の信じていたものとは完全に異なることをはじめて証明した物理学者の長男に対して、それまでの認識を超える評価を与えていることです。彼女の本には、ハンス・アルバート・アインシュタインの生い立ちや経歴だけでなく、二十世紀の中ごろに達成した彼の専門分野での業績についても記されています。彼女は自身の生い立ちについても語り、ナチスが母国ハンガリーを襲う直前にアメリカに移住したことについても語っています。そしてまた、二十世紀初期に特殊相対性理論を検討していたアルバート・アインシュタインと幸せを分かち合った妻のミレヴァ・マリッチとの結婚にまつわる謎に対して強い光を当てています。ここではまた、アインシュタインが相対性理論の考えを暖めていたころのミレヴァの役割、彼がベルリンで一人で研究し、一般相対性理論をつくり、それが英国の研究グループによって実証されたころの彼の人生に対する彼女の影響、そして彼が統一場理論の研究に人生の多くを捧げた環境などについて、情報に基づいた推測が記されています。

それにもかかわらず、アインシュタイン夫人による伝記の中心を占めるのは、ハンス・アルバート・アインシュタインと父アルバート・アインシュタインとの関係、そして生涯の仕事への父の影響についてです。アインシュタインが第一次世界大戦の前にプラハで研究をしていたころ、息子であるハンス・アルバートはモルダウ川の渦巻く流れを見ながら、水とその動きにはじめて明確な好奇心を持ちました。アインシュタインがミレヴァと離婚してベルリンに住みついた数年後の一九二二年、ハンス・アルバートは父親の跡をたどりチューリッヒのＥＴＨ（スイス連邦工科大学）で勉学をはじめました。アインシュタインは二番目の妻が一九三三年に亡くなるまでベルリンに住んでいました。

この本によると、父親と息子の運命は絶えず交錯しています。息子は父親のユニークな天才ぶりを十分理解し、劣等感を持つことなく確たる自信を持って、自身の専門の頂点まで上りつめました。彼は父親の音楽への愛情（ヴァイオリンではなくピアノ演奏）から、父親の風変わりさの域には達しなかったけれどもカジュアルな衣装まで、多くの類似点がありました。二人の直筆さえも奇妙に似ており、彼らの「アルバート」という署名がしばしば混同されました。
これらの類似点があるにもかかわらず、ハンス・アルバート・アインシュタインは独自の生涯を歩みました。実情をよく知るアインシュタイン夫人によって、この物語が記録されたことは素晴らしいことです。

一九八五年

ロナルド・W・クラーク
ケンジントン、ロンドン
（訳者注：著名な英国の伝記作家でEinstein：Life & Times（1972）の著者［一八一六―一九八七］）

はじめに

私の前任者でアイオワ水理学研究所（ＩＩＨＲ）所長であったハンター・ラウスは、今世紀の指導的な立場の水理学者の一人としてよく知られています。彼の水理学に関する幅広い研究は、水理学の歴史に関する多くの論文と権威ある水理学専門書として評価を得ている二冊の本にまとめられています。アイオワ水理学研究所における彼の多くの業績には、入手困難な水理学に関する本の収集、研究者を水理学と水工学の歴史へと導く秀れた研究の継続、アイオワ大学水理学研究所の研究員を歴史に関心を持たせたことなども含まれます。私自身、二十世紀のアメリカにおける水理学者の歴史に興味を持てたのは、まさに彼の影響があったからです。

一九八〇年代半ばの私は、今世紀の有名な何人かの水工学者のご存命なご家族に手紙を書くことに関心がありました。私の目的は、水理学の進展に関する伝記の草案をつくるために個人的な情報を得ることでした。それらが集まれば、草案は二十世紀の水理学発展の伝記になるはずでした。私はその一通を、私と専門が同じで、かつ友人である故ハンス・アルバート・アインシュタインの未亡人であるエリザベス・ロボズ・アインシュタイン博士に送りました。

アインシュタイン夫人の返事は私の予期しない内容でした。彼女の返事は、彼女自身、数年間ずっと亡くなった夫の伝記を書くために情報を集めていて、それまでの成果を私に見てもらえるか尋ねるものでした。私の肯定の返事が、彼女の原稿の仕上げに向けた長い文通のはじまりとなりました。このたび、長い文通を経てようやくこの本の出版に漕ぎ着けました。

アインシュタイン夫人は本書の巻末に載せているような資料を収集し、調べ、整理するのに何年も費やしました。彼女はこの本をハンス・アルバートとともに過ごしたバークレーの丘の上の家で、彼の多くの本やアインシュタインの記念品、そして自身の神経科学分野における素晴らしいキャリアにおいて収集した書籍などに囲まれて書き上げました。ですから、彼女は自身の人を引き付ける過去―宗教、性別、そしてハンガリーの社会体制が高等教育を受けるにあたって大きな障害であった時代に教育を受けようとした決意、ヒットラーによる侵略寸前のハンガリーからの逃走、新たに移民として入国したアメリカで科学者として自立するための成功への闘い、そして、人生の後半でのハンス・アルバートとの結婚―を当然のことながら思い起こしたに違いありません。彼女の本の魅力は、彼女自身の話とその見識、若い時代のハンス・アルバートの人生に対する理解、そして特に一緒に暮らした人生の多くの思い出によって、一層高められています。この本は、副題が示すように、最初は別の人生を歩み後に一緒になった二人のそれぞれの専門分野での成功と価値ある生涯について書かれています。

アインシュタイン夫人の努力は、水理学の歴史へ貢献するためにも、亡き友人の追憶として彼女の書物を出版したいという私の要望で、実を結びました。彼女から完成原稿を手渡されるとすぐに、私はアイオワ水理学研究所と編集と出版の手続きに取りかかりました。これらの仕事には、アイオワ大学の数人が協力してくれました。アイオワ水理学研究所の職員で伝記の出版を補佐するコーネリア・F・ミューテルがアインシュタイン夫人の原稿を整理し、原稿が本になるまでに必要な各種の骨の折れる時間の要る工程を監督する役目を引き受けてくれました。アイオワ大学は彼女に、この仕事を遂行するにふさわしい環境のオフィスを高等研究センターの奥まった場所に提供してくれました。アイオワ大学の学内弁護士であるジュリア・ミアーズがこの出版のための法的事項に関して協力してくれました。トワイラ・メダーが最終版をタイプし、リンダ・

フィッシャーが校正にあたりました。

この本の最終段階においてこれらの人たちの尽力が極めて重要でしたが、本の意見や内容はアインシュタイン夫人と彼女が依頼した執筆者らの作品です。写真は説明に特に明記されていなければアインシュタイン夫人の所持品で、この本の出版のために提供されました。ロナルド・クラークの序文とアインシュタイン夫人がお願いしたクルスティッチ、グラフ、そしてシェンの付録の文章は本人の許可を得てこの本に収められました。

終りに、私はこの本に与えたことよりも、もっとたくさんのことを得ることができました。アインシュタイン夫妻の生活、出会う前の二人の人生など、アインシュタイン夫人とハンス・アルバートについてたくさんのことを知ることができて、さまざまな委員会やコンサルティング活動でご一緒したころの楽しかった記憶がたくさんよみがえってきました。河川工学分野における彼の特別な貢献に対し、私は尊敬の念を新たにしました。彼こそが二十世紀における水理学の偉人の一人であり、今もなおそうであるといえます。

ジョン・F・ケネディ
ハンター・ラウス水理学教授兼
アイオワ水理学研究所所長
アイオワ大学、アイオワ・シティ

一九九〇年十二月

（訳者注：アイオワ水理学研究所所長を二十五年間務める［一九三二—一九九一］）

謝　辞

この本の巻頭言を書いてくださったロナルド・W・クラーク氏に心からお礼申しあげます。ハンス・アルバート・アインシュタインの水理学の分野における貢献について書いてくださったスイス、ロザーンヌにあるスイス連邦工科大学のウォルター・H・グラフ教授とカリフォルニア大学バークレー校のシェ＝ウェン・シェン教授に対して感謝の意を表します。ハンス・アルバートとのセーリングの思い出について書いてくださったジョン・H・オットウェル牧師と、ハンス・アルバートと二重奏を奏でた当時のことを書いてくださったマーガレット・ローウェル夫人に感謝いたします。

常に変わらない関心と激励をくださったパオラ・ティミラスそしてアディーナ・ロビンソン両教授にお礼を申しあげます。

また次の方々へもお礼を申し上げます。ＥＴＨ・チューリッヒ校にある図書館並びに公文書保管所、当図書館の科学歴史収蔵所のＢ・グラウス博士、フォン・グンテン氏、そしてハンス・アルバートについての情報をくださったＥＴＨ・チューリッヒ校の水理学、水文学、氷河学研究所のＤ・ヴィッシャー教授とＫ・シュラム博士。

ハンス・アルバートの初期から後期の人生についての情報をくださったアメリカ、スイス、ドイツ、チェコスロバキア、日本の方々に感謝の意を、並びにルーエッグ・ホスリ氏を通してのスイス連邦工科大学の同窓会の会員、そしてスイスのリューシゥリコンに住むＷ・ギャグ技師に感謝いたします。さらに、亡き夫の情報を提供してくださった次の方々に深くお礼申しあげます。コンラード・アカート教授、D・ボンデュラント氏、アイリーサ・フォーシー夫人、E・グラーザー＝スティーエルリ夫人、Z・グーツ教授、J・ジョンソン氏、R・B・クローン氏、R・L・ミラー氏、故G・ポリャ教授、故ニン・チェン教授、A・シェーネンバーグ夫人、重村教授、E・マイリ・ゾンデレガー夫人、リター・ストールト氏、トーテバーグ技師、V・ヴァノニ教授、F・ウエーバー教授、W・L・ウッド教授、そしてR・ウラー教授。

最後に、原稿の添削並びに英語の訂正をしてくださったアン・シュミット、ドリス・オーバー、キャロル・タルパース、そして友情と熱情をもってこの作品を支えてくださったジェイン・ラティヴァーに心からの感謝を申し上げます。

一九八八年八月

エリザベス・ロボズ・アインシュタイン
カリフォルニア州バークレーにて
（訳者注：一九〇四—一九九五）

目次

第一章

序章

この本は一九五九年に結婚し一九七三年に亡くなるまで私と仲よく幸せな人生をともに送った亡き夫ハンス・アルバート・アインシュタインの思い出をつづったものです。この本を最初に書こうと思いついたのは彼が亡くなる数年前で、アルバート・アインシュタインについて書こうとしていた数人の作家（マッケルマア（文献26）、ウイットロウ（文献38）、クラーク（文献3））がわが家を訪れ、ハンス・アルバートに父や父との関係について質問をしていたころでした。ハンス・アルバートは父については色々話をしましたが、自分自身について話すことには消極的でした。ですから私は夫に冗談半分に「自分でハンス・アルバート・アインシュタインの本を書かれたら。」と言ったところ「いや、絶対に書かないよ。」と毅然と言われたので「では私が書くわ。」と答えました。

最終的に私が彼のことを書く決断をしたのは、悲しい出来事が起きてからでした。家から遠く離れた場所でハンス・アルバートは突然重い心臓発作に襲われ、四週間後に亡くなったのです。

この本はハンス・アルバートが私に語ってくれた幼少時からの話に基づいていますが、彼の同僚の話やアインシュタインとその家族について著した作家の話も含めています。私自身、アインシュタインについてた

アルバート・アインシュタイン青年に贈られたアルバート・アインシュタイン老の肖像。アインシュタインは決してハンス・アルバートを名前で呼びませんでした。

くさんの本を調べ、ハンス・アルバートについて書かれた箇所はきちんと書き留めておきました。貴重な情報は、アインシュタインと友人であるミケーレ・ベッソウ（文献6）やモリース・ソロヴィーン（文献5）との文通を収めた本から得ました。ベッソーは技術者でアインシュタインの特許庁の同僚でした。彼らの関係は大変親密で、長年にわたりアインシュタイン家が抱えた難題について、手紙で率直に議論しています。ソロヴィーンとの文通は一九〇六年から一九五五年まで続きました。

この本では私の夫を父親のアルバート・アインシュタインを区別するため、ハンス・アルバートと呼ぶことにします。ハンス・アルバートをよく知る方々は、皆彼を「アルバート」と呼んでいました。アインシュタインは、かつて「アルバート・アインシュタイン老人からアルバート・アインシュタイン青年へ」と肖像写真に記入し、それをハンス・アルバートに渡したことがあります。

この本は、ハンス・アルバートの幼少時まで遡り、父親のアルバート・アインシュタインと母親のミレヴァ・アインシュタイン＝マリッチとの特別な関係を含め、彼の生涯について書き記したものです。ここでは、両親と次男エデュアルドの生涯にも言及しています。また彼の学生時代や私との結婚前のアメリカでの生活についても若干ですが記しています。そして、彼に出会う以前の私の人生を語り、私たちの結婚生活を描いています。

ハンス・アルバートという人を理解していただくには、水理学や河川管理での彼の功績を知ってもらうことが非常に重要であると考え、ウォルター・H・グラフ（スイス・ロザーンヌにある国立工科大学教授）とシェ＝ウェン・シェン（カリフォルニア大学バークレー校の土木工学科教授）による文章を付録Bと付録Cとして追加しました。二人はかなり前のハンス・アルバートの大学院生です。

ハンス・アルバートの専門の研究について記すことは、よく質問される「アインシュタインの影響下でハンス・アルバートの生涯はどのようなものでしたか?」にうまく答えることになると思います。アインシュタインはハンス・アルバートの私生活や仕事に強い影響を与えました。夫の話やアインシュタインがミレヴァや息子たちに書いた手紙を見れば、彼がいかに息子たちを可愛がっていたかがわかります。この本は息子と父親の関係を通してアインシュタインにこれまでの多くの伝記とは異なった光を当てています。そして父親の名声が息子の個性を少しも奪っていなかったことを示しています。先ほど挙げた質問には「ハンス・アルバートは父親の影響下に生きてはいませんでした。」と言えます。

私の本には、ユーゴスラビア人のジョージ・クルスティッチによる母ミレヴァ・アインシュタイン＝マリッチの生涯についての文章も付録Aに載せています。これには、主にミレヴァがアインシュタインの妻になる前のギムナジウム（高校）で物理学に強い興味を持っていた若いころの生活が描かれています。驚くことには、彼女は高校で物理学授業の受講を許され、オーストリア＝ハンガリー帝国で男子生徒とはじめて同席する女性となりました。彼女とアインシュタインはチューリッヒで一緒に物理学を勉強しました。クルスティッチはミレヴァの若いころの情報を長年探していました。彼は公文書や個人宅から結婚後に友人に宛てたミレヴァの数々の手紙を見つけました。それらの手紙によって、これまでのアインシュタインの伝記に書かれた記述と異なる光がミレヴァにあてられることになりました。これらはミレヴァついての、また彼女とアインシュタインとの関係についての貴重な情報源になっています。

私は個人的にはハンス・アルバートの母ミレヴァを知りませんが、夫がいつも彼女のことを語っていましたので、彼女を思うとき、大変感傷的になります。しかしながら、ミレヴァの情報を通しても、クルスティッチの著述を通しても、「ミレヴァは物理学と数学において将来が有望な学生で、毎夜アインシュタインと一緒に勉強しているところを目撃されているのに、なぜアインシュタインの論文に彼女の名がなかったのか？」という厄介な問題については、はっきりしません。私は二人が科学者として対等のパートナーであったとは思っていません。アインシュタインのような天才であれば、疑いなく彼の知的能力から着想がわき出たことでしょう。しかし、ミレヴァの支援と協力は賞賛に値することは間違いないでしょう。彼女の名前がアインシュタインの論文になかったこと、結婚の悲劇的な結末、そして息子エデュアルドの病気がおそらく彼女の人生を壊してしまったのです。

ハンス・アルバート亡き家では、花咲くサボテンの中にミレヴァの写真を飾っています。この写真が、私の人生を思い出させてくれるのです。ミレヴァは離婚で夫を失いましたが、私は病気で夫を失いました。愛する夫、ハンス・アルバートを失った後、私は生を実感させる緑の花咲く植物を周りに飾りました。これらのサボテンは私に前に進み続けることを思い起こさせます。そこで私自身の最終の目標として、ハンス・アルバート・アインシュタインの生涯を記述することを決意しました。

第二章

幼少時代と家族背景
（一九〇四―一九一四）

スイス・ベルンの石畳の通りにあるクラム街四十九番地に建つ四階建ての石造建築物に、かつてスイス特許庁の若き審査官であったアルバート・アインシュタインと妻ミレヴァの家がありました。息子ハンス・アルバートは一九〇四年五月十四日にここで生まれました―それはアインシュタインが、一九〇五年に発表されニュートン以来の偉大な物理学者としての名声を確立することになる理論や数々の科学論文をじっくり考えていた年です。多くの写真や友人たちの話から、ハンス・アルバートの幸せな幼少期の家庭風景が生き生きと思い浮かびます。

アインシュタインの転勤により一家はたびたび引っ越しました。まずはベルンからチューリッヒ、そしてプラハ、またチューリッヒに、そしてベルリンへと。一九一〇年、ハンス・アルバートは六歳になり、チューリッヒの学校に通いはじめました。この年、ミレヴァは次男エデュアルドを出産しました。

一九一一年に一家がプラハに引っ越したとき、ハンス・アルバートはドイツ語学校の二年に進学しました。一年後、一家はチューリッヒに戻り、彼はそこの学校に通いました。

ハンス・アルバート・アインシュタインが1904年に生まれたスイス・ベルンのクラム街49番地。アパートの3階は今日「アインシュタインの家」と呼ばれる記念館になっています（スイス・ベルンにあるアルバート・アインシュタイン協会のA・マイシュレー博士提供）。

数年も経たずにハンス・アルバートとエデュアルドの違いがはっきりしてきました。ハンス・アルバートは健康でしたが、エデュアルドは病気がちでした。エデュアルドは、幼くして並はずれた才能があるようでした。三歳になったときにはもう本を読めました。九歳になる前に、すでにシラーやシェイクスピア、その他の古典作家の作品を読破していました。彼の記憶力は驚くべきもので、読んだ書物の一語一句を記憶しているようでした。アインシュタインはこの早熟性に気づいて、エデュアルドの知的好奇心をなるべく抑えるようミレヴァに指示しました。

何度も引っ越しましたが、ハンス・アルバートは子供のころのことをはっきり記憶していました。一九六八年一月のズデネック・グーツ（プラハ大学物理学教授）がハンス・アルバートに宛てた手紙には、アインシュタインがほんの短期間でプラハを去ってしまったので、彼はプラハが嫌いだったに違いない、と書いていますが、夫はむしろ、父はプラハが大好きでした、と返事を書いています。アインシュタインがプラハを去ったのは、自分の興味が理論物理学にあり、大学が重要視していたのは実験物理学であったからでした。

ハンス・アルバートがはじめて水の流れに魅力を感じたのは、プラハで過ごしたときでした。彼は通学でモルダウ川の河畔を歩くとき、閘門から勢いよく流れる水のすごい力に驚嘆したことを覚えていました。彼は、帰宅が遅れ、母親に叱られることを心配しながらも、何日も水の流れを見続けました。また、彼は洗濯や掃除にはモルダウ川の茶色に濁った水、料理には街の噴水の水、そして飲用には瓶詰めの水、と三種類の水が使い分けられていたのを記憶していました。

1907 年か 1908 年に撮影されたノーヴィ・サード（訳者注：今日のセルビア）におけるアインシュタイン一家。

息子たちが幼いころ、ミレヴァが忙しいときには、アインシュタインが愛情を込めて子守をしました。後年、ハンス・アルバートは、冬に父が薪を割り、薪や石炭を小さな荷車に載せてアパートに運んできたことを思い出していました。

一家がベルリンに移ったとき、ハンス・アルバートはもう十歳近くになっていました。

数か月後にミレヴァは息子たちとチューリッヒに戻り、一九一九年にアインシュタインと離婚しました。息子たちは母親が引き取りました。両親が離婚すると、母親が子供を引き取るのは普通のことでしたが、人々はどうしてアインシュタインが子供を引き取ろうとしなかったか不思議に思いました。おそらく、ミレヴァがそのような選択を望まなかったからでしょう。さらに言えば、アインシュタインもそうすることを望んでいなかったからでしょう。彼は子供たちを愛していましたが、徹底的に物理学を研究したかったのです。

結婚生活を十六年間続け、一緒に研究をし、親になった後、別居を経て離婚したアインシュタインとミレヴァについて、私たちは何を知っているのでしょう？　アインシュタインの生涯、ミレヴァとの結婚、そして二人の人生については、たくさんの書物に書かれていますが、ハンス・アルバートの人格形成の背景を示すため、二人の生涯について簡潔に述べることにします。

アルバート・アインシュタイン

アルバート・アインシュタインは一八七九年三月十四日にドイツのウルムで、ユダヤ人の両親ヘルマンとパウリーンのもとに生まれました。一年後、一家はミュンヘンに引っ越し、彼は一八九四年までそこで過ごしました。

アインシュタインは幼少のころから自分で判断し行動しました。当今の作家たちは、彼の才能と独創性はすでに幼少期に現れていたと言います。これはアインシュタインに関するこれまでの作家たちの記述とは対照的です。しかし、ボストン大学物理学部教授でアインシュタインの著作全集の第一巻を編集したジョン・スタッチェルも同意見です。第一巻に収録された文献は、若きアインシュタインの並みはずれた創造性と知的能力を感じさせます。例えば、技術的な問題を解くことや、音楽に対する情熱や能力についてです。

高校在学中、アインシュタインは心に生じた多くの疑問について学校に頼らずに自分で答えを見い出す鍛錬をしていました。彼は通常の教育を受けたものの、これこそが彼が生涯貫いたやり方でした。一八九六年にチューリッヒにあるETHに進学しました（ETHはアインシュタインが学んだ連邦工科学校の一九一一年に採用された略語です。ハンス・アルバートが数十年後に学んだ工科大学と同じで、現在スイス連邦工科大学と呼ばれています）。このETHでアインシュタインはミレヴァ・マリッチと出会い、恋に落ちたのです。一九〇〇年七月にアインシュタインはETHの最終試験を無事終了し、学士号を授与されました。しかし、一九〇一年に彼が提出した最初の博士論文である気体の運動論は、博士号の必要条件を満たしていませんでした（ETHは一九一一年まで博士号を授与しませんでしたが、ETHの卒業生は満足なレベルの論文を提出すればチューリッヒ大学から博士号が授与されました）。今になっては笑い話ですが、当時のアインシュタインにとってはそうではありませんでした。一九〇五年にアインシュタインは全く別の博士論文「分子の大きさの新しい計測法」で博士号を授与されました。

一九〇〇年にETHを卒業したアインシュタインはヴィンターツールとシャフハウゼンで代用教員として働きました。彼は教えるのが好きでしたが、研究をする時間もあったと語っています。一九〇二年に彼はベルンの特許庁（訳者注：三等書記官として）に採用されました。当時のスイスの法律では、特許申請は新案である必要はありませんでした。審査官は法的、専門的、論理的な表現を書き換えるだけでよかったのです。アインシュタインが採用されたのは、彼が大変巧みな論理的思考をする人物に見えたからです。

一九〇三年一月六日にミレヴァとアインシュタインは彼の両親の猛烈な反対にもかかわらず結婚しました。アインシュタインは特許庁で仕事を続け、一九〇四年にはハンス・アルバートが生まれました。このことが、翌年のアインシュタインの驚くべき創造性の発現へとつながりました。一九〇五年にアインシュタインは六編の学術論文をまとめあげ、五編を物理学紀要（Annalen del Physik）に投稿しました。これらの論文で、彼ははじめて相対性の特別理論について概説し、分子の実在性を実証するとともに、気体力学に統計物理学を応用し、光量子と光電子効果の論文で一九二二年に博士号を授与されました。それはまた、一九二一年度のノーベル賞受賞につながる研究となりました。

スウェーデン科学学術院事務局長のC・アウリヴィリウス教授（訳者注：クリストファー・アウリヴィリウス：スウェーデンの昆虫学者［一八四三―一九二八］）が、一九二二年の十一月十日にアインシュタインに宛てた手紙には、アインシュタインに与えられたノーベル賞は「理論物理学研究への貢献、特に光電子効果に関する法則の発見のため」と記されています（文献29、503頁）。ノーベル賞は、多くの場合、科学者が晩年になるまでなかなか授与されません。アインシュタインの場合、若くして彼の研究の重要性が認められたのです。アブラハム・パイス（文献29、118頁）は、ハンス・アルバートが生まれた一年後のアインシュタインの突然ともいえる創造力の発現について、「アインシュタインの天才の具現だ。息子の出生が素晴らしい体験になったに違いない。」と所見を述べています。

ベルンにいるとき、アインシュタインは当時大学生であったモリース・ソロヴィーンに会いました。ソロヴィーンは哲学と物理学に興味があり、アインシュタインに教えを請いにきました。すぐさま、二人は意気投合し、友情を育み、その後、アインシュタインが亡くなるまで続いた往復書簡がはじまりました。

最初にソロヴィーンに会ったとき、アインシュタインは物理学のレッスンは不要だが、重要な書物について議論するために会えたらと言いました。すぐにコンラード・ハビシュトが会合に加わりました。三人とも若く、貧しかったのですが、この交友は彼らの知識を豊かにするものでした。三人はアカデミー・オリンピア「オリンピア学院」と自称していました。彼らはソフォクレース、スピノーザ、ヒューム、ヘルムホルツ、アムペールなどの作品を読んで議論をしました。議論の後、アインシュタインがヴァイオリンを弾いたりしました。このグループの会合はソロヴィーンとハビシュトがベルリンを去るまで三年間続きました。

数年後、ソロヴィーンはこれらの議論を回想し、アインシュタインが彼に宛てた数々の手紙を一冊の本に編集しました（文献5）。その本の中で、ソロヴィーンはアインシュタインの倫理哲学と正義感について記しています。アインシュタインは後に、ベルンでの数年が生涯で最も実りの多い時期であったと記しています。

一九〇九年にアインシュタイン一家はベルンからチューリッヒに引っ越し、アインシュタインはチューリッヒ大学の准教授の職を得ました。エデュアルドは一九一〇年七月二十八日にそこで生まれました。

一九一一年にアインシュタインはプラハのカール・フェルディナンド大学の教授に任命されましたが、わずか十八か月間の勤務となりました。

一九一二年にアインシュタイン一家はチューリッヒに戻り、そこでアインシュタインはマリー・キュリーと数学者のオンリ・ポアンカレ（ＥＴＨの総長の依頼に基づき）の推薦により理論物理学の教授の職を提供されました。この申し出を受けて、アインシュタインは、チューリッヒに戻れることを大変喜んだと書いています。

一家がチューリッヒで約十八か月暮らした後、アインシュタインはベルリンにある物理学のウイルヘルム王立研究所の所長の椅子を提供されました。この提案には、プロイセン科学学術院の会員資格が与えられることと、彼にとって最も魅力的であった自分の進めたい研究に専念できることが含まれていました。

ミレヴァはこの引っ越しに反対でした。彼女はベルリンが嫌いで、チューリッヒを離れたくなかったのです。そして、彼女は息子たちを再び引っ越しさせることに懸念を抱いていました。ハンス・アルバートは身体的にも精神的にも健康でした。しかし、エデュアルドは知的能力こそ年齢の割にずば抜けていましたが、身体は病を患っていました。しかし、一九一四年四月に一家はベルリンに引っ越しました。

ベルリンでアインシュタインの研究は進み、彼は研究分野で一層名声を得るようになりました。彼は同僚や学生たちとの研究にますます没頭しました。ミレヴァは疎外感で心細い思いをしていました。一九一四年七月に彼女は息子たちを連れてチューリッヒに戻りました。五年間の別居を経て、一九一九年に彼女はアインシュタインと離婚しました。

一九一四年以降、ハンス・アルバートの心の中にあった父アインシュタインの大切な存在が失われていきました。しかし、アインシュタインは息子たちに影響を及ぼし続けたのです。ですから、アインシュタインの残り四十一年間の生涯について多少とも知っておくとよいでしょう。

アインシュタインはミレヴァと離婚した四か月後、一九一九年六月二日に従妹のエルザ・アインシュタイン・ローヴェンタールと結婚しました。エルザも再婚で、二人の娘イルゼとマルゴットがいました。アインシュタインがミレヴァと別居した後、一人病に伏せたときに、エルザは二回ほど彼を看護しました。パイス（文献29、301頁）は彼女を「思いやりのある、心温かい、母親らしい」人と書いています。実際、彼女はその役割を果たし、アインシュタインが研究に専念できるように心がけました。

アインシュタインの母パウリーンは一九二〇年に彼らの家で亡くなりました。翌年、アインシュタインは計画中のヘブライ大学の基金を集めるためにアメリカをはじめて訪問しました。ノーベル賞を受賞した年の一九二二年には、アインシュタインとエルザは日本を旅行しました。帰りにパレスチナに立ち寄った際に、アインシュタインはテル・アヴィヴ市初の名誉市民に任命されました。一九二三年七月にはノーベル賞受賞の返礼に、ヨーテボリで相対性理論について講演しました。

十年後の一九三三年三月にベルリン近郊カプーツのアインシュタインの家がナチの手入れを受けると、アインシュタインはすぐにチューリッヒに行き、エデュアルドとミレヴァと最後となる面会をしました（これまでも彼は何回か家族を訪ねていました）。一九三三年九月に彼はヨーロッパを去りアメリカに行き、二度と帰ってはきませんでした。

一九三三年十月、アインシュタイン、エルザ、秘書のヘレン・ドゥーカス（一九二八年からアインシュタインが亡くなる一九五五年まで）、共同研究者のヴォルテル・マイヤーがプリンストンに到着しました。アインシュタインたちはライブラリー小路二番地に二年間住み、その後マーサー街一一二番地に移り、彼はそこで残りの生涯を過ごしました。エルザは一九三六年末に亡くなりました。アインシュタインは一九四〇年十月一日にアメリカ市民となりました。

アインシュタインはたくさんの手紙を書いています。その中でも、四通が特に意味があると思います。最初のものは、人類の歴史を取り返しのつかない方向に向けてしまったことについて書かれた手紙です。一九三九年八月二日、彼はフランクリン・D・ルーズベルト大統領に、原子力エネルギーの軍事利用をほのめかす手紙を書いたのです（文献29、529頁）。アインシュタインは若いころから亡くなるまで、自分は平和主義者であると思っていました。しかし、この手紙が誤りであったと思う日がやってくるのです。

アインシュタインはユダヤ人として育てられ、ユダヤ人として迫害を受け、自分をユダヤ人だと認識していました。アブラハム・パイス（文献29、475頁）は「アインシュタインはイスラエルを『自分たちの国』、ユダヤ人を『自分の民族』と言っていました。彼のユダヤ人であるという思いは、年を取るにつれますます強くなったようです。彼は、本当の意味での故郷と言える場所を見つけられなかったのかもしれません。しかし、彼は確かに自分の民族を見つけたのでした。」と記しています。

ですから、一九四七年にアインシュタインが何千人というハンガリーに住むユダヤ人の子供の生命を救ったスウェーデン人の英雄ラウール・ヴァレンバーグに対する気持ちを二通の手紙に表したことは、驚くべきことではありません。ひとつは、十一月十八日に書かれたヴァレンバーグの異母兄弟ギィ・フォン・ダルデル宛の手紙で、「ラウール・ヴァレンバーグこそノーベル（平和）賞をもらうべきです。このことをみなさんに伝えてください。」と書かれています。現在、故人へのノーベル平和賞の授与は認められていませんが、一九四七年にはラウール・ヴァレンバーグへ平和賞を授与するよう提案しています。

アインシュタインはさらに突っ込んで、一九四七年十一月十七日にスターリン宛てに手紙を書いています。「老いた一人のユダヤ人として貴殿にお願いしたいのは、ナチ迫害の不運な時代に、自発的に自分の命を懸け、何千人という不幸なユダヤ人を救助すべく努力されたラウール・ヴァレンバーグを探し出し、彼の母国に帰してくださるようあらゆる手段を講じていただきたい。」パイス（文献29、518頁）によると、その返事には「…配下の下役が言うには、ヴァレンバーグ探索は不成功に終わりました。」と書かれていました。

一九五二年にアインシュタインはイスラエル大統領職の申し出を受けましたが、断りました。しかし、彼の遺言には手紙を含め彼のすべての論文はヘブライ大学に寄贈すると記されていました。

パイス（文献29、530頁）によれば、一九五五年四月十一日のバートランド・ラッセル卿宛に書かれたアインシュタインの最後の手紙で、彼はサイン入りで「すべての国が原子力兵器を放棄するように促す宣言に署名する。」と表明していました。その七日後の一九五五年四月十八日にアルバート・アインシュタインは亡くなりました。享年七十六歳でした。

ミレヴァ・アインシュタイン＝マリッチ

（注：ミレヴァ・アインシュタイン＝マリッチに関する補足情報はジョージ・クルスティッチによる付録A「ミレヴァ・アインシュタイン＝マリッチ」に記載されています。）

一九七一年、私はハンス・アルバートともに、彼がかつて九歳のとき祖父母に会うために訪ねたノーヴィ・サードにあるマリッチ家を訪問しました。私たちを迎えてくれた人たちは、私達をただのアメリカ人であると思い、一人が“This is the Einstein House.”と言いました。政府がその家を所有しようとしたわけでもなく、夫もその権利を主張したこともありませんでした。

1907年に建てられたノーヴィ・サード（今日のユーゴスラビア［訳者注：現セルビア］）にあるマリッチ家（ジョージ・クルスティッチ提供）。

一八九六年にミレヴァが今日のユーゴスラヴィア（訳者注：現セルビア）の実家を離れスイスに行ったとき、彼女は活発で、魅力的な輝く瞳を持つ黒髪の女の子でした。このことは彼女の二十一歳のときの写真からも一目了然です。オリジナル写真は私の居間に飾ってあります。一八九六年にミレヴァとアインシュタインはETHで勉強をはじめました。アインシュタインは一九〇〇年に学士号を得ましたが、ミレヴァはETHの最終試験に二度失敗し、学士号を得られませんでした。

ピーター・マッケルマア（文献26）によれば、ミレヴァとアインシュタインは互いに反対の性格ゆえに強く引かれ合いました。ハンス・アルバートもそのように思っていました。アインシュタインはミレヴァを愛していました。生活に追われるなかで、彼女は真の伴侶でした。一九〇三年に彼らが結婚したとき、ミレヴァは二十八歳でアインシュタインは二十三

1896年に21歳のミレヴァ。スイスの学校へ通うためにザーグレブの家を離れたとき。

歳でした。アインシュタインは一九〇三年一月に友人であり同僚でもあるミッシェル・ベッソーに宛てた手紙で「私は今結婚し、妻とともに素晴らしい、心休まる人生を送っています。妻は何においても面倒見がよく、料理上手で、いつも陽気です。」と述べています（文献6、3頁）。しかしながら、彼女を描写するのに〝陽気〟という言葉を用いた人はほかにいませんでした。

　アインシュタインに関する本では、ミレヴァの性格はさまざまに描写されています。フィリップ・フランク（文献16、23頁）は「ほとんどのセルビア人学生と同様に、自由な考えの持ち主で、考え方は革新的でした。」と述べています。ある作家は「彼女は友達にもうまく気持ちを伝えることができずにいた」と主張しています。フランクによれば、「ミレヴァは極端に口数が少なく、むしろ感受性に欠けていた」ようです。彼は彼女を厳しく、無愛想であると書いています。これにはハンス・アルバートは同意していません。彼が言うには、彼女は幾多の不幸な出来事や数々の悲しみを乗り越えてきており、彼女の脳裏にはこれらが深く刻み込まれていたためです（文献37）。

ミレヴァとアインシュタインがＥＴＨの学生であったころ、彼が授業に出席できなかったときには、彼女は講義ノートを貸してあげていました。ミレヴァはアインシュタインよりずっと整理が上手で、彼以上に予習していました。

アインシュタインとミレヴァは時折言い争ったりしましたが、最終学年のころには、深く愛し合うようになっていました。結婚当初は、度重なる引っ越しで離ればなれになることがあっても穏やかで、子供にも恵まれていました。

一九一一年の秋にミレヴァはアインシュタインとともにソルヴェー会議（訳者注：ベルギーの実業家のアーネスト・ソルヴェーによって一九一一年にブラッセルで初会合が持たれたこの会議は、物理学進歩の分岐点とみなされている。）に出席しました。ヨーロッパ全土から科学者が来ており、アインシュタインが同僚から尊敬されているのを垣間見て、ミレヴァは喜びを感じました。そこでミレヴァはマリー・キュリーに会いました。二人はその後、度々訪問し合い、友達になりました。

しかしながら、彼らの結婚生活はプラハにいたころ（一九一一年三月から一九一二年八月まで）から悪化しはじめました。このことは、ハンス・アルバートが八歳のときに父親と母親の間に緊張と不和を感じはじめたという回想と一致しています。ハンス・アルバートの八歳の誕生日は一九一二年の五月で、家族がプラハからチューリッヒに引っ越す数か月前のことでした。

ミレヴァはプラハでの生活を楽しめませんでした。チューリッヒに戻った後は、彼女は明らかに満足し、家族の絆は再びゆるぎないものに見えました。でも、友人たちはある種の不協和音に気づいていました。アインシュタインは時間の大半を自分の研究に費やし、学生たちと頻繁に接するようになりました。彼は物理学のさまざまな考えをミレヴァとではなく、同僚と議論するようになりました。これがおそらく仲たがいのひとつの要因となったのでしょう。

アインシュタインとミレヴァは、結婚する前の七年間、夫婦として十一年間一緒に過ごしました。どうして彼らは熱烈な恋愛から冷めて、結婚に終止符を打ったのか、未だに満足のいく説明はできません。別居はミレヴァにとって苦痛で、彼女自身は別居や離婚に同意する気持ちは全くありませんでした。離婚はその後何年も彼女に影響を及ぼしていた、とハンス・アルバートは言っていました。

チューリッヒに行ったとき、病気の末期状態のミレヴァを見舞ったスイスの彼女の友人アニー・シェーネンバーグと話をする機会がありました。ミレヴァは生涯愛したアインシュタインについてアニーに語りました。しかしながら、離婚の話題になったとたんに、ミレヴァは頑なに話すのを拒絶しました。

離婚はまたハンス・アルバートにも深い傷跡を残しました。彼が母親について語る際に涙を流すのを見ました。彼女の名前が出たときの彼の苦悶の表情を見て、私はそれ以上の質問をすることはできませんでした。カール・ゼーリッグ（文献30）（訳者注：スイス生まれの伝記作家［一八九四―一九六二］）によれば、アインシュタインとミレヴァの不協和音は結婚前から起きていました。結婚前、ミレヴァは鬱病にかかり、容姿に構わなくなりました。アインシュタインが彼女を同伴せずに物理学と数学の問題を議論する会議に出席したため、彼女は大変深く傷つきました。ハンス・アルバートは私に、アインシュタインが自身の「ジプシー気質」について語った手紙のことを話してくれました。これは結婚前のエピソードですが、この推論は未だに確かめられていないようです。

離婚の原因についてさまざまな憶測ができます。アインシュタインは家族が彼の時間をとり過ぎたと感じていたのかも知れません。彼は私生活においてひどく孤立していたのです。物理学者のマックス・ボルンの妻ヒートウィグ・ボルンは「残念ながらアインシュタインは、慈愛心、社交性、人類愛の割には、周囲の人たちから完全に孤立していました。」と語っています（文献2、30頁）。一九三〇年にアインシュタインは自分の性格を次のように表現しています。

私はいかなる国や州、友達、ましてや家族の心からの同伴者ではありませんでした。絆はいつもはっきりせず、よそよそしさを伴い、自分の殻に閉じこもろうとする願いが年々強まってきました。このような孤立感は時につらいものでしたが、ほかの人たちの理解や同情から遠いことにいささかの後悔もありません。そのことによって私は確かに何かを失います。しかしながら、私は慣習や意見、そして他人の偏見などの影響を受けずにいられることによって、埋め合わせを受けており、次々に変化するそのような意見や考えに心の安らぎを求める気持にはとてもなれません（文献16、49—50頁）。

研究への没頭（マッケルマアはこれを「執念」とまで呼んでいます。）が家族への思いやりより勝り、それが時には強過ぎることもありました。後年になってアインシュタインは、毎日の生活が他の人たちのためにあり、私たちの幸福は、愛する人たちの微笑みと幸せに依存していると本心から述べました。

英国放送協会の一記者が私たちの家を訪ね、私がいる前でハンス・アルバートに多くの質問をしました。記者は夫に両親が別居した理由を尋ねました。彼は「別居の話が持ち上がったとき、自分は何もわかりませんでした。」と答えていました。彼は母親が嫉妬深かったことを認めていました。彼女は典型的なスラブ人で、悲観的感情が強く、一度傷つけられると絶対に許さない性分でした。アインシュタインが陽気なときでも、しばしば彼女は鬱気味でした。アインシュタインは決して自分たちの別居をミレヴァのせいにはせず、一九一四年に彼女が息子たちを連れてベルリンからチューリッヒに戻る際、彼らを見送り、駅を去るときに涙を流し悲しんでいました。息子たちに対するアインシュタインの愛情は、ミレヴァやそれぞれの息子に送った多くの手紙で明らかなように、ずっと続いたのでした。

アインシュタインは時折チューリッヒの家族を訪問しましたが、彼の再婚後は、このような訪問はうまく行かないときもありました。アインシュタインがミレヴァと息子たちに自身の再婚話をしたとき、ミレヴァ

晩年のミレヴァと彼女の署名（年代不明）。

は一言もしゃべらず、ハンス・アルバートは父親に大変腹を立てました。

ハンス・アルバートの父親に対する感情は後になって変わりました。素晴らしいことに、ミレヴァが父親と息子の関係を修復したのです。彼女は度量の大きさゆえに感情を傷つけられました。彼女は息子たちがベルリンにいる父親を訪ねることを許しましたが、自分はアインシュタインの家に泊まったことはありませんでした。それとは対照的に、アインシュタインがチューリッヒに来たときはミレヴァの家に滞在しました。その当時としては、それは恥ずべきことだったに違いありません。

ミレヴァと息子たちはどのようにチューリッヒで過ごしたのでしょうか？　ミレヴァがＥＴＨで学士号を取得できなかったことは離婚後、悲しい結果をもたらすことになったのです。彼女が一番の関心事である物理学の世界に戻ったという形跡を私は見出すことができませんでした。長年教育を受けながら、彼女は専門分野の就職口を見つけることができず、選択の道はほとんど残されていませんでした。離婚前、アインシュタインは、年収一万三千マルクのうち七千マルクを彼女に仕送りしていました（文献３、１９５頁）。離婚したとき、アインシュタインはノーベル賞の賞金をミレヴァに与え、家族を扶養することを約束しました。最終的には彼女は約三万二千ドル（一九二三年の換算）を受取り、それで一軒家を買いました。ある報告によれば、ミレヴァは音楽とピアノを教えていたそうです。

クラーク（文献3）は、「ミレヴァは病気が悪化する息子エデュアルドを抱えていたので、ある面では深く同情されてしかるべきである。」と言っています。パイス（文献29、476頁）は「彼女の人生を悩ました幾多の困難の中で、エデュアルドの精神病が特に重荷になっていたことは間違いないでしょう。」と述べています。クラーク（文献3）はさらに、「ミレヴァが夫のせいで、とても影の薄い人生を生きなければならなかったことに同情を禁じ得ない」と強く言っています。この件について、私は同意できません。このことはミレヴァにとって問題ではありませんでした。彼女は夫の才能が自分よりずっと優れていることをはっきり認識していました。彼女は、夫が一九〇五年に論文を投稿する前から、彼の論文が世界的名声を得るであろうことははっきりとわかっていました。

アインシュタインはミレヴァとの絆を長く保っていました。このことは、離婚後、彼が彼女に宛てた幾多の手紙から明らかです。アインシュタインが常にミレヴァを愛していたことを信じる理由があります。一九一九年に離婚を求めた手紙の最後に「私なりのやり方でいつまでも貴女にとって変わらない存在でいることは理解してくれるでしょう。」とミレヴァに書いています。このことをほかのどんな言葉で説明できると思いますか（文献26、73頁）。

エデュアルド・アインシュタイン

子供のころ、エデュアルドは知的には早熟でしたが、肉体的には病弱でした。彼は二、三歳のときから耳の痛みと頭痛に悩まされました。その後も完治せず、彼は身体的に決して健康とは言えませんでした。エデュアルドが十一歳のとき、病状はもっと深刻になりました。痛みは頭全体に拡がり悪化しました。彼の身体的な病は精神病の前兆でした。

ハンス・アルバートはエデュアルドを神経質で癇癪持ちの、情緒的に不安定な子供であったと記しています。エデュアルドは幼少のころ、飽きることなく読書をし、高い記憶力を持っていました─彼は読んだばかりの本のすべてを長々と、文字どおりに暗唱できました。しかしながら、このような彼の能力には欠点があったのです。ハンス・アルバートは私に、エデュアルドは絶対的な記憶力を持っていたが、暗唱できた膨大な資料に、自身の見解や個人的な考察をさし込まなかった（あるいはさし込めなかった）と言っていました。

彼の記憶力は並み外れていて、普通の賢い子供とは全く異なっていました。エデュアルドは高い記憶力と読書欲を使って、父親を喜ばせようとしました。ハンス・アルバートによれば、エデュアルドは自分が父親の業績に応えるか、匹敵するようなことを決してできないと思い、精神的に辛い思いをしていました。このことが頻繁に起きる落胆と失敗の感情につながっていったのです。

両親が離婚したとき、エデュアルドは四歳でした。アインシュタインはその数年後に科学界で名声を得ることになり、まもなくもっと広い意味で世界的に名が知られるようになりました。どんな子だって日常の世界から父親が離れていくとき、消えていく愛情を取り戻そうとします─多くの子供がやることです。彼がアインシュタインの知的な活躍と張り合って、読書や暗記といった素晴らしい特技で父親を喜ばせようとしたことは意外ではありません。

しかしながら、エデュアルドの父親に対する気持は段々と敵意に変わりました。彼のこの変化と感情の激しさが精神病の前兆であったのかもしれません。父親への深い愛情から極端な嫌悪の情への変化はアインシュタインを混乱させ、ハンス・アルバートをも戸惑わせました。ミレヴァが最もその影響を受けました─彼女は次男の変化を見続けるしかなく、彼を助けることができないことに苦悩しました。

アインシュタインの友人の一人は、エデュアルドは十二歳のときにはすでにどこかおかしかったとハンス・

アルバートに言っていました。

エデュアルドはすでに十代のときから元気がなくなっていました。そして、エデュアルドがひどい鬱病にかかったとき、ミレヴァはアインシュタインに彼には助けが必要だと手紙を書きました。エデュアルドは段々怒りっぽくなり、父親に見捨てられ嫌いになったと怒りの手紙を出しました。アインシュタインはエデュアルドとの関係を修復するためすぐにチューリッヒに行きましたが、よい結果は得られませんでした。その後、まもなくエデュアルドは神経衰弱になりました。

神経衰弱になったとき、アインシュタインはエデュアルドをスイスやウィーンのフロイトをはじめとする専門家のところに連れて行きましたが、ほとんど効果がなかったとハンス・アルバートから聞きました。ハンス・アルバートは、エデュアルドがすでに医学や精神学の多くの学術論文を読んでおり、このことが治療しようとした医師たちを当惑させることになったのかも知れないと思いました。エデュアルドは医師たちの質問に容易に答えることができました―これは医師たちに何も悪いところがないか、あるいは彼を理解することができないかのどちらかだと思わせることになりました。クラーク（文献3）は、エデュアルドが医者たちと同じ程度の知識を持っていたと書いています。

エデュアルドは粗暴でなかったので、ミレヴァは彼が自宅にいられるように努めました。しかし、一年も経たずに施設に入れなければならなくなりました。エデュアルドは、二十二歳のときにチューリッヒのブルグヘルツリイ療養所に収容されました。アインシュタインはこの治療費の支払いを引き受け、エデュアルドが亡くなるまで治療費を支払い続けました。アインシュタインは遺言でエデュアルドの治療に使われるべきお金を残していたのです。

アインシュタインは一九三三年にアメリカに移住した後、二度とヨーロッパには戻ってきませんでした。アインシュタインはヨーロッパを去る直前にブルグヘルツリイを訪問したきり、エデュアルドには一度も会うことはありませんでした。アインシュタインのエデュアルド宛の最後の手紙は一九四四年に書かれたことを私は知りました。これら二つの情報からさまざまな解釈ができましょう。しかし、エデュアルドにはいつも施設が提供され、専門家の治療を受けられるよう保証されていたことは、アインシュタインのためにはっきり言っておかなければなりません。

アインシュタインはプリンストンに落ち着いてまもなく、来年エデュアルドを招待した、とベッソー宛に書いた手紙で公にしていましたが、訪問は実現しませんでした。エデュアルドが存命中に、ミレヴァは彼を定期的に療養所から自宅へ連れ帰り、養生させようと試みましたが、彼の病は、いつも彼をブルグヘルツリイに連れ戻すことになったのでした。たまに、エデュアルドは療養所から出てほかの人の家に滞在しました。ハンス・アルバートから聞いたのですが、かつてエデュアルドは一人の牧師の家に滞在しましたが、長続きしませんでした。滞在中、エデュアルドは牧師の家を出て散歩に出掛けました。彼は道に迷い、牧師の家に戻る道順がわからなくなりました。その結果、エデュアルドの意向か、牧師一家の意向か、あるいは医師の判断かわかりませんが、この計らいは取消しとなり、エデュアルドはブルグヘルツリイに戻ることになりました。彼はそこで一九六五年に亡くなりました。

弟の悲運はハンス・アルバートにとっては痛みでした。彼はエデュアルドのことを詳しく私に話してくれました。ある日、彼と神経学の話をしていたとき、私がサンフランシスコで電気ショック療法が使われているると言ったところ、彼は「ショック療法が弟を破滅させたんだよ。」と答えました。

エデュアルドは音楽に興味があり、ピアノを弾いて楽しみ、いつも読書をしていました。ブルグヘルツリイには大きな庭園があり、エデュアルドは散歩したり、腰掛けて読書をしたりして、ほとんどの時間を外で過ごしました。

エデュアルドがブルグヘルツリイに連れて行かれた後、ミレヴァは息子を永遠に失ってしまったと思い悩みました。この悲劇が、後年彼女が患うことになった鬱病の一因です。ハンス・アルバートも弟の悲運に悩まされましたが、研究に励み、自分の人生を前進させることができたのです。

ハンス・アルバートと私はヨーロッパに行くたびに、チューリッヒの療養所にエデュアルドを訪ねました。ブルグヘルツリイを訪問した折には、私たちは一緒に庭園を散歩したり、座って話をしたりしました。私はエデュアルドに英語で話しかけましたが、彼は流暢な英語で、静かに、はきはきと答えてくれました。療養所の職員は、彼は時折、ほかの患者にクラシック音楽を選び、ピアノを弾いてあげたと話していました。

一九六四年に彼は脳卒中にかかり、車いす生活になりました。その後、私たちが彼を訪ねたとき、私は車いすを押して彼に話しかけながら庭を回りました。しかしながら、ハンス・アルバートは目に涙を浮かべ横を向いていました。一度帰り際に私たちが車のほうに歩いていたとき、夫は静かに、悲しそうに、そしてかなり腹立たしげに「エデュアルドは何と悲運な生涯を送ったのだろう。」と言いました。

息子の一人が精神病にかかり、もう一人が安定した創造性の高い大人になったことについては、色々と推測ができましょう。エデュアルドの問題は若くしてはじまったのです。それには、幾多の要因が考えられます。例えば、両親の離婚、若くしての素晴らしい業績と名声を得た父親、身体の病、電気ショック療法などが悪化させたのかもしれません。ハンス・アルバートは六歳年上ですが、弟の悲運の影響を受けていたことは確かです。でも、そのようなことや母親が鬱病と病気がちであったにもかかわらず、ハンス・アルバートは、夫、父親、水理学者、教育者・研究者、船乗り、音楽家として、価値ある貢献をなし、周りの人々に喜びと安心をもたらし、充実した人生を送ったのです。

第三章

少年期から中年期の時代
（一九一四―一九五八）

両親が別居してから、ハンス・アルバートは母親と弟と一緒にチューリッヒで暮らしました。ここの生活環境は成長期の少年にとって最適とはいえず、エデュアルドは病気がちでした。ミレヴァにとってアインシュタインから離れて暮らす苦しみは深刻で、時々それを口に出して言うこともありました。両親が別居したとき、十歳であったハンス・アルバートは、最初のころは確かに父に怒りを覚えましたが、この嫌悪感は少しずつ和らいでいきました。時が経つにつれ、父親と母親両方に愛情と愛着を持って接するようになり、チューリッヒでの生活にうまく溶け込んでいきました。

ミレヴァはハンス・アルバートとエデュアルドにとって居心地のよい家庭をつくろうと一生懸命努力しました。彼女は、子供たちが常に自分と一緒にいて欲しかったのですが、彼らが時折アインシュタインを訪問することに同意しました。

アインシュタインとミッシェル・ベッソーとの膨大な手紙のやり取りの中に、アインシュタインがハンス・アルバートを非常に可愛いがっていた証拠があります（そのころ愛情を込めて、父親からアルバート君

(Albertchen)、アルバートちゃん(Albertli)、あるいはブーヨー(Bujo)と呼ばれていました。)。これらの手紙からアインシュタインは、両親の別居がハンス・アルバートに与える影響を心配していたことがわかります。一九一六年八月二十四日付のベッソーへの手紙で、アインシュタインはハンス・アルバートに手紙を出したが何の返事もこないと言っています。「彼の私に対する怒りは、温度でいうならばもう氷点下まで下がっていると思います。もし、私がこのような厳しい状況に置かれたならば、おそらく自分も同じ対応をしていたでしょう。」(文献6、80頁)。

一九二〇年七月二十六日にベッソーに宛てたほかの手紙で、アインシュタインは「貴殿が(ハンス)アルバートの将来に大きな希望を持たれていることに父親として大変うれしく思います。」とも書いています(文献6、152頁)。ほかの場でも、アインシュタインはいつもの飾り気のなさで、息子たちの人生には厳しい苦悩がしっかりと刻まれていると語っています。アインシュタインは別居が引き起こした傷に、はっきりと気づいていたようです。

アインシュタインはハンス・アルバートからの手紙を受け取るたびに、大変喜びました。一九一七年四月二十九日にベッソーに「外から見れば、悲壮に見える逆境にもかかわらず、この少年は人生の喜びに満ちあふれています。」と書いています(文献6、106頁)。一九二四年一月五日にアインシュタインはベッソーに「私の(ハンス)アルバートは勤勉でしっかりした男の子に成長しました。ハンスの仲間は皆よい人たちであるとグロスマンは私に手紙を書いています。彼は、上手な船乗りで、洗練された、信頼できる男性と言えます。」と書いています(文献6、198頁)。そして、ベッソー宛のほかの手紙で、息子が大学の自分の講義に来てくれたと誇らしげに書いています。

ここで、ハンス・アルバートが父親の抜きんでた才能に気づいていたことを強調しておきます。しかしながら、ハンス・アルバートは、当時アインシュタインには付き合っている女性がいないのに、勝手に母親から離れていったと思い込んでいました。

アインシュタインは妹マーヤに、エデュアルドがすくすく成長し、背丈が父や兄より高くなったと話していました。エデュアルドは、詩を書き、バッハを奏で、才能にあふれた読書家であるが、あまり几帳面ではないと表現しています。ハンス・アルバートは有能で、賢く、理路整然とし、責任感があり、几帳面で、弟と同じように音楽に優れていると言っています。

ハンス・アルバートは一九一四年に在学していたベルリンの学校に満足できませんでした。そこでは、何もかも一字一句記憶しなければいけないと嘆いていました。以前、父親も感じていたように、ドイツの教育システムは思考力よりも主に暗記学習などの記憶力に基づいており、彼はその点でもチューリッヒに戻れてよかったと感じていました。彼は高校時代に生涯を通じて文通を続けることになる仲間をはじめ、たくさんの友達をつくりました。アメリカに移住した後もスイスで開かれる同窓会には毎回出席しました。一九七二年、高校の五十周年の同窓会が彼の最後の出席となりました。

級友で後にスイスで副学長になった、フェーリックス・ウェーバーは高校時代を振り返り、ハンス・アルバートは数学と物理学に卓越していたと書いています。「彼にとっては、どんな宿題を解くのも容易なことで、ほかの学生が通常費やす時間の半分以下しか要しなかったので、私たち級友はうらやましく思いました。」

学生たちは、ハンス・アルバートの物静かで控え目な気質から、彼をシュタインリィ（小石）と呼んでいました。級友たちは宿題の解答を彼の解答と比べたりしました。あるとき、一人の学生が数学の宿題でハンス・アルバートの解答を丸写ししました。担任の先生はこれまで数学の能力を評価していなかった学生の正解に驚かされました。先生は少年を黒板に呼んで、問題を再解答するように命じました。この少年がきちんと解答できなかったので、どのようにして宿題を仕上げたかを尋ねました。学生は「ええっと、ハンス・アルバートといっしょに。」と答え、級友全員が大笑いしました。

高校の同窓会で、フェーリックス・ウェーバーは学友たちを短い詩で特徴づけました。ハンス・アルバートを以下のように描いています。

Einstein war, was wenig sind,
In Mathematik ein Wunderkind
Und er wurde, keinen wundert's,
Grösstes Phlegma des Jahrhunderts,
Breites Grinsen im Gesicht -
Aus der Ruhe kommt er nicht

アインシュタインは
ほんのわずかしかいない
数学の神童だ
驚くなかれ
今世紀で最も冷静な
男性になりけり
顔に大きな微笑み浮かべ
決して冷静さを失わない人だ

中央ヨーロッパでは、高校生はマツーラ（Matura）と呼ばれる大学入学資格試験を受け、入学資格を取得すれば、直接大学入学が許可されました。一九二二年にハンス・アルバートは高校を終えマッーラに合格しました。

ＥＴＨ（スイス連邦工科大学）にて

一九二二年にハンス・アルバートはＥＴＨ（スイス連邦工科大学）に入学しました。大学一年のころ、彼は母や弟と一緒に、後に建てられる水理学研究所（ここで博士号を授与された）からほんの少し離れたグロリア通り五十九番地に住んでいました。

私はＥＴＨでハンス・アルバートと同時期（一九二二－一九二七）に在学した人たちからたくさんの手紙をもらいました。その中の一人ヴォルテル・ガークが言うには、エンジニアの仕事を見つけることが難しい時期に、同じ普通高校から四人の生徒がＥＴＨに入学しました。しかし、ガークは「我々は誰もハンス・アルバートが工学を選択したこ

チューリッヒのグロリア街59番地。ハンス・アルバートは高校からスイス連邦工科大学２年まで、母と弟とともにここに住んでいました（コニー・ミューテル提供）。

とを残念に思っていません。」と一九七五年三月二十日付の手紙で書いています。

ハンス・アルバートは誠実な友人でした。彼はヴォルテル・ガークと勉学に励みました。彼らは試験問題について質問し合いました。ある休暇のとき、ガークとハンス・アルバートは一緒にイタリアを旅行し、ジェノア港とボローニャーフィレンツェ間の急行列車を調査しました。ガークの手紙には「この旅は自分たちが選んだ専門技術の実用面に関心を持つ機会となり、学んだ知識を直接現実問題に応用することの重要性を確信させてくれました。ハンス・アルバートの在学中、父親の相対性理論が世界中で有名になっていましたが、これがハンス・アルバートの良好な友人関係を壊すことには決してなりませんでした。」と書かれています。

ハンス・アルバートはいつも喜んでＥＴＨの級友の手助けをしました。このことは、ほかの情報とともに、エルシイ・グラーザー＝スティーエルリの一九七五年二月二十四日付の私宛の手紙に書かれています。のちに彼女の夫となるヴィリー・グラーザーは、ＥＴＨ在学中、将校の訓練を修了しなければなりませんでした。ハンス・アルバートはグラーザーが出席できなかった授業の講義録を送ってあげました。ほかの学生たちはハンス・アルバートの講義ノートを見て笑ってしまいました。彼は小さな字で筆記をするのが癖でした（後に私が、彼のスピーチ原稿一頁を書き写してみると、三頁にもなりました。）。後にニューヨークに引っ越したマルセル・フォルネローはハンス・アルバートと四年間一緒にＥＴＨで土木工学を学びました。彼が思い出すことには、ハンス・アルバートは物静かで、やや内向的で、グループ討論でも一人と会話することが好きでした。ハンス・アルバートは社交や運動クラブに参加することをあまり望んでいませんでした。この一つの理由は、ハンス・アルバート自身あまり語りたくないにもかかわらず、学生たちは有名な父親について知りたがっていたからではないでしょうか。ハンス・アルバートは父親の話を強いられないときには、もっと打ち解けて—「我々の一員」となれた、とフォルネローが言っています。

著名な数学者であるジョージ・ポヤは、ＥＴＨで二十六年間教職に就き、ハンス・アルバートの博士論文の審査委員を務めました。二人は友達となり、生涯を通じて交友関係を保ちました。ポヤはスタンフォード大学とＥＴＨで授業を持っていました。私はスタンフォードにいたときにポヤに会いました。私たちが結婚した後、夫婦でたびたびパロ・アルトに住むポヤとステラ夫人を訪ねました。ポヤが九十四歳で亡くなられる一年半ほど前にも、私はポヤとステラに会いに行きました。彼はハンス・アルバートについての話を山ほど持っていました。彼はハンス・アルバートが博士論文の理論面について助言を求めてきたとき、ＥＴＨで一緒に議論したことを思い出していました。ポヤ教授は私にハンス・アルバートは確率論を素早く学びとり、実験結果とうまく合致する明確で簡潔な理論を定式化したと語ってくれました。

一九二七年にハンス・アルバートは土木工学の学士号を得ました。その同じ年に、彼はフリーダ・クネヒト（家族からフリードゥルと呼ばれていた）と結婚しました。この結婚は幸せなものとなり、可愛く賢い子供たちに恵まれました。

ハンス・アルバートは一九二七年から一九三一年まで、リュール流域のドルトムントでドルトムント製鉄会社に勤めました。ハンス・アルバートに重要で大変難しい仕事が与えられたことをＣ・アイザーマンとの文通で知りました。彼はヴェッセルーライン川橋梁の設計に静的計算法を考案しました。ドルトムントのタイセン・エンジニアリング会社のトーテバーグ博士の報告によれば、ハンス・アルバートは橋梁構造に静的解析を応用する任務を与えられ、一週間で完璧な精度でそれを仕上げたそうです。彼が設計を手伝った橋梁は大戦で破壊されました。

一九三一年にハンス・アルバートはＥＴＨにある水理学実験所の助手という研究職を得て、チューリッヒに戻ってきました。研究所所長のＥ・ピーター・マイヤー教授と共同で行われたこの仕事は、幾つかの論文として実りました。ハンス・アルバートの博士論文の表題はドイツ語で "Der Geschiebetrieb als

ハンス・アルバートが助手（1931-1938）として働き、博士号を授与されたチューリッヒのETH水理学研究所（ETH水理学、水文学、氷河学実験所提供）。

Wahrscheinlichkeitsproblem"で翻訳すれば、「確率理論の土砂輸送への応用」です。ピーター・マイヤー教授とジョージ・ポヤ教授が主査と副主査（二人の論文審査委員）でした。一九三六年三月にハンス・アルバートは博士試験に合格しました。

彼はETHで研究を続けました。彼は一九三七年にプリンストンにいる父親を訪問するため、数か月間の休職を所長に願い出ました。この申請が受理され、ハンス・アルバートはアメリカへ旅立ったのです。

アメリカへの移住

一九三七年十月十二日ハンス・アルバートがオランダ—アメリカ間定期船ヴィーンダム号にてアメリカに到着したとき、アインシュタインはニュージャージー州のホボーケン（訳者注：ニューヨーク市を流れるハドソン川のマンハッタンの対岸にある町）の埠頭で待っていました。写真家や新聞記者が彼らを取り巻きました。しぶしぶ二人は一緒にポーズをとることに同意しました。新聞記者が彼らに取材を試みましたが、アインシュタインは「とにかく、私生活は私生活ですから。」と言って断わりました（文献27、3頁）。

1937年10月ハンス・アルバートを迎えるアルバート・アインシュタイン。ハンス・アルバートがニュージャージー州のホボーケンで下船したときに撮られた写真（タイムズ・ワイド・ワールド／ニューヨーク・タイムズ／リダックス社提供）。

一九三八年、ハンス・アルバートはスイスでの仕事を辞めて、家族とともにアメリカに移住しました。大西洋を横断する移住のために彼の父親がお金を工面しました。ハンス・アルバートのアメリカでの最初の仕事は、サウス・カロライナ州のグリーンヴィルにあるアメリカ農務省の土地保全局（訳者注：現天然資源保全局）の仕事でした。そこで彼は土壌保全に関係する水利の問題について研究しました。

ハンス・アルバートとフリーダは、一九三八年に次男のクラウスが発病後わずか数日で急死し、大変な衝撃を受けました。ジフテリアで亡くなったのかどうかは、はっきりしません。クラウスはま

1939年、35歳のハンス・アルバート。

だ六歳で、写真を見ると、際だって可愛い少年でした。子供の死は何年経っても忘れることができないものです。ハンス・アルバートは、クラウスは可愛い、愛敬のある少年であったと私に話してくれました。彼のレリーフは今も私たちの寝室に飾ってあります。ハンス・アルバートは彼のことをたびたび話してくれました。

孫の死を知って、アインシュタインは一九三九年一月七日にハンス・アルバートとフリーダに手紙を書いています。「愛する両親だけが経験する深い悲しみがあなた方に降りかかってしまいました。あなた方の小さな息子を見守っていましたが、彼は健全な人生観を持つバランスのとれた自信のある子に成長しつつありました。ほんの短い期間しか彼に会っていませんが、私にとっては、私のそばで育っていたように親しみを感じていました。」

ハンス・アルバートがアメリカ市民になった一九四三年、彼はカルテック（カリフォルニア工科大学）で職を得ました。ここで再び、土地保全局と係わりを持ち、ヴィトー・ヴァノニ教授とロバート・T・クナップ教授と密接に研究を行いました。一、二年後、彼は転職し、実業界で仕事をしたいと考え、父親に相談しました。アインシュタインはハンス・アルバートに土地保全はまだはじまったばかりであるし、ＥＴＨで受けた教育は、その分野の研究に特に適しているため、今の仕事を続けるように話しました。ハンス・アルバートは父親の助言に従いました。

一九四七年にハンス・アルバートは、ジョセフ・ジョンソン教授に説得されて、カリフォルニア大学バークレー校機械工学部門の工学科准教授代理となりました。フリーダとハンス・アルバートはバークレーでの生活を満喫しました。彼らは一緒にセーリングをしたり、演奏会、演劇、そして職員の社交パーティーに参加したりしました。フリーダはユダヤ人ではありませんでしたが、ハダッサ（訳者注：アメリカの女性ユダヤ教団体）の一員になりました。彼女は大学の演劇グループにも参加しました。ハンス・アルバートは、演劇には興味がありませんでしたが、リハーサルに行く彼女を車で送って行き、終るまで待っていました。

私はハンス・アルバートがフリーダを愛していたことをよく知っています。ある時、オレゴンで一軒の店の前を一緒に車で通り過ぎた際、彼は目に涙を浮かべて「あそこの店にフリーダと入ったことがあったんだよ。」と言いました。

フリーダはまた、出版権を巡って論争となる原稿を書きはじめていました。アインシュタインはミレヴァと別居した一九一四年以降、たくさんの手紙をミレヴァ、エデュアルド、ハンス・アルバートに書いていました。これらの手紙がフリーダの原稿の基になっています。アインシュタインは手書きの手紙にめったに日付を入れなかったため、フリーダはまずそれらを年代順に整理しなければなりませんでした。彼女はそれから原稿に入れたい手紙を選択し、序章を書きました。この中で、彼女はこれらの手紙の順番を説明し、アインシュタインが別居を経て離婚した後にミレヴァや息子たちに対する気持ちを書き表した手紙を解明しました。

フリーダは原稿をチューリッヒのオリゴ出版社に持ち込みました。しかし一九五八年に、オットー・ネイサン、ヘレン・ドゥーカス、そしてマルゴット・アインシュタイン（アインシュタインの二番目の妻の娘で、彼の養女）は、裁判所に出版の差止めを訴えました。経済学者で長年アインシュタインの親友であったネイサンは、彼の遺産管理人でした。ドゥーカスは一九二八年からアインシュタインが亡くなるまで彼の秘書でした。

フリーダとハンス・アルバートの弁護士は、原稿は個人的な家族の情報にすぎないと主張しました。対立する弁護士は、この本は文芸作品と見なすことができ、原稿はアインシュタインの財産の一部であると主張しました。この問題はチューリッヒ州の高等裁判所の民事部に持ち込まれ、オットー・ネイサン、ヘレン・ドゥーカス、そしてマルゴット・アインシュタイン側の勝訴となりました。この本は未だに（訳者注：一九九一年時点）出版されていません。

一九五八年十月のある夕方、フリーダとハンス・アルバートはバークレーの演奏会に行きましたが、そこでフリーダは心臓麻痺を起こし亡くなりました。ハンス・アルバートは呆然自失となりました。彼は妻が心臓に問題を抱えていることは知っていましたが、まさか死に至るとは夢にも思っていませんでした。

父親と息子

アインシュタインとハンス・アルバートは幾つか似通った気質と趣味を持っていました。一九五四年五月十一日に、ハンス・アルバートの五十歳の誕生日を祝って書かれたアインシュタインの手紙には、こう書かれています。

私の際だった個性を引き継いでくれた息子を持ててうれしく思う━我々二人に共通するのは、何事も膨大な文献検索をすることなく、いつも自分で究明することです。これは確かに消極的態度だけれども、我々のような気質の者にとっては避けられないことです。学校を卒業して以来、君は一貫して研究を続けています。素晴らしい研究成果を振り返ってみなさい。満足感とともに人生の意義がわかるでしょう。これまでと同様にやりなさい。そして、君の素晴らしいユーモアを忘れないでください。

写真は父親と息子の容姿が似ていることを示しています。友人たちは、ほかの面でも父親と息子はよく似ていると思っていました。二人の筆跡はたいへんよく似ており、彼らの手紙を見分けるのは難しかったほどです（二人とも「アルバート」と署名したため、難しさが増大しました）。

アインシュタインはプリンストンの友人アリス・カーラーに、自分と息子はパズルを解くのが好きだと言っています。彼女はこれをトム・エドガーに語り、後になって「プリンストン追憶」（文献18、7頁）として出版されました。その中で彼女は以下のように追想しています。

アインシュタインはほんのわずかな趣味しか持っていませんでした。そのひとつがパズルで、世界中からびっくりするようなパズルを入手していました。サラナック湖（訳者注：ニューヨーク州北東に位置する）を訪問した際、私は大変複雑な組み立てパズルの一つで、有名な中国の組み立てパズルを彼に持って行きました―彼はそれを見事に三分で解きました。彼は空間を視覚化する能力を持っていたのです。私は彼にどのように解いたのかを尋ねました―私だったら千日かけても解けないのに。彼は「非常に簡単です。さあ、見てご覧なさい。」と言うと、パズルをバラバラにして、あっという間に組み上げました。息子が彼を訪問した際、彼の素質が息子に受け継がれていることを見て大変幸せそうでした―「彼は私のやり方と全く同じように、見事に組み上げたんだよ。」と。

ハンス・アルバートもまた、頻繁に中国パズルを解いて楽しんでいました。

ジョージ・ポヤは、ハンス・アルバートが八歳のときの、アインシュタインの祝いのパーティーでの出来事を思い起こしました。ハンス・アルバートが父親に寄ってきて「おとうさん、二人だけで誰も見てないし、聞いてもいないよ。今、正直に言ってよ―この相対性理論の話は全くの馬鹿話しなの?」と問いかけました。アインシュタインは息子の独立精神ににっこりしました。

アインシュタインは一般的なスーツよりカジュアルな服装が好みでした。プリンストンでは普段、セーターを着てだぶだぶのズボンを履いていました。ハンス・アルバートはそこまで極端ではありませんでした。しかし、中国旅行の準備で、スーツを二着購入するように私が強く説得したところ、彼が反対したのを覚えています。スーツを二着買った後、彼は「これはぜいたく過ぎるなあ。」と言いました。

ハンス・アルバートは父親の質素な生き方について「Was brauche ich? Bett, Tisch, Stuhl, Papier, Bleistift, später ein Manuskript und wichtig die Geige - alles andere ist Ballast.」(私に何が要ると思う? ベッド、机、椅子、紙、鉛筆、次に原稿、そして、重要なのはヴァイオリンだね。ほかの物は、すべて砂利と一緒だよ。)という父親の言葉を引用しました。

父親と息子は音楽に対する深い喜びも共通していました。アインシュタインのヴァイオリンの演奏、ハンス・アルバートのピアノの演奏は、それぞれに深い満足と安らぎを与えたのです。ハンス・アルバートは、演奏会に行ったり、家でレコードを聞いたりするのが大好きでした。彼は、一九七二年に作曲されたポール・デッサウのオペラ「アインシュタイン」を聞いたらきっと大喜びしたでしょう―私は自宅や招待されたオペラ座でこの音楽を聞きました。

ハンス・アルバートと父親はセーリングの喜びも分かち合いました。アインシュタインは、ずっとヨットを求めていましたが、ついに一九二二年に帆が一本のヨットを購入したと書いています。一九三〇年にア

1927年、ベルリンでのアインシュタインとハンス・アルバート（パレ・デ・ラ・デクヴェルトによる出版権保全）。

インシュタインはエデュアルドに、「毎日素晴らしいヨットでセーリングを楽しんでいる」と手紙に書いています。十四歳のハンス・アルバートが小さなヨットの模型を作ったとき、アインシュタインは大変喜びました。一度ハンス・アルバートがカプーツにある父親の家を訪問した際、二人はセーリングに行きました。そのときアインシュタインの頭は統一場の理論で一杯でした。彼はセーリング中ずっとそれを考え、話し続けました。ハンス・アルバートが「その話はとっても興味があるけれども、お父さんが主帆のロープを握り、方向制御装置にもたれ掛かったままでは、浅瀬にのり上げてしまうよ！」と言うまで、彼は議論に

1958年、ハイファにあるイスラエル工科大学アルバート・アインシュタイン物理学研究所の除幕式で講演するハンス・アルバート。

夢中でした。

アインシュタインとハンス・アルバートは二人とも、大学院生の指導に専念し、サイエンスの問題を彼らと積極的に議論しました。すでに明らかなように、これがおそらくアインシュタインとミレヴァの行き違いの一因になったのです。しかし、ハンス・アルバートの場合、これは私たちの結びつきの障害にはなりませんでした。それとは逆に、学生たちがわが家にやって来て、ハンス・アルバートと研究について、いろいろな角度から議論をしているとき、私は喜びを感じました。

私の夫は自然を楽しみ、この趣味は父親から受け継いだものと思っていました。しかし、物理学に夢中になったときに周りのことをすっかり忘れてしまう父親と違って、ハンス・アルバートは周囲の世界を気にかけないことはありませんでした。

アインシュタインはイスラエルに強い愛着を持っていました。夫ハンス・アルバートはイスラエルの政治問題に係わることはありませんでした。しかし、ハンス・アルバートはイスラエルを訪問し、テクニオン（イスラエル工科大学）で講義をして、イスラエルの科学研究機関に大変興味を持ちました。私がヘブライ大学とワイツマン研究所で発行された数編の科学論文を見せたところ、彼はそれらを興味深く読んでいました。

父親も息子も優れたユーモアのセンスを持っていました。そして、彼らをよく知っている人たちは二人とも心のこもった笑い方をしていたとよく話していました。ハンス・アルバートは、アルバート・アインシュタイン医科大学の医学部長E・R・ヤフィーから$E=mc^2$とプリントされたスウェットシャツを贈呈されたとき、「あいにくこれは私にはちょっと小さ過ぎると思うのですが。」とユーモアを交えて受け取りました。

米国陸軍工兵隊オマハ地方建設局の技師ドナルド・ボンデュラントが面白いエピソードを話してくれました。ある日、ハンス・アルバートが電話したとき、ボンデュラントの五歳の娘が電話に出ました。彼女はアインシュタインをフランケンシュタインだと思いました。両親が帰宅すると、彼女は「フランケンシュタインから電話があったよ。」と伝えました。その後、ハンス・アルバートがボンデュラント宅に電話するとき、「フランケンシュタインからの電話です。」と名乗っていました。

ハンス・アルバートはETHで受講する授業について、父親に手紙で相談しました。また、彼は自身の専門を決めるときも、父親に助言を求めました。彼は専門的な問題を父親に相談することを厭いませんでした。夫が言うには「父親は理論家だったので、初めは、私が技術者になることに失望していたが、後に私が名を上げると、息子の選択は間違っていなかったと大変喜んでいた。」

ハンス・アルバートもアインシュタインも、日本人を褒めていました。時間的には四十年もの隔たりがありますが、二人とも日本を訪問しました。アインシュタインは一九二二年に、私たちは一九六〇年代に日本に行きました。一九八一年、構造工学で有名な国立防衛大学校の鷹部屋教授（訳者注：鷹部屋亮平）は、彼の父親（訳者注：鷹部屋福平）が一九二二年に研究目的で日本からヨーロッパに船で渡ったとき、同じ船に日本から帰国するアインシュタインが乗っており、彼の父親とアインシュタインは航海中、何度か会話をしたと話してくれました。鷹部屋教授の父親は後にアインシュタインから手紙を受け取り、それを宝物のように持っていました。一九八一年、私が国立防衛大学校の土田国保校長から、工学部図書館の中につくられたハンス・アルバート・アインシュタインのコーナーの除幕式に招待された際に、鷹部屋教授はその手紙を防衛大学校まで持って来てくれました。このコーナーは、ハンス・アルバートの博士課程の学生であった重村教授の呼びかけによって実現しました。

アインシュタインの日本滞在中の面白い話を聞きました。アインシュタインは一九二二年に訪日した際、漫画家で作家でもある岡本一平と大変親しくなりました。岡本は、アインシュタインの行く先々に付いてまわり、アインシュタインを喜ばせる彼の風刺画を描きました。これらの多くは、後になってアメリカ物理学会誌（文献28）に掲載されました。岡本は、またその中で、アインシュタインが丁寧過ぎたこと、日本の風習をあまり理解していなかったことを報告しています。例えば、ホテルでは従業員一人ひとりに深々と頭を下げ挨拶をしていました。アインシュタインの長髪は多くの日本男子の注目を引き、床屋でよく似た髪型を頼む人もいました。岡本は、アインシュタインは田舎を散歩するのが好きだったと書いています。アインシュタインが中禅寺湖を訪れたとき、彼は空に向かって、あそこ（訳者注：天国）ではなにもかも忘れてくつろげるのになあと言っていました。アインシュタインが京都を訪問したときには、知恩院の大きい鐘が彼のために特別に鳴らされました。

アインシュタインの陰に隠れて？

ハンス・アルバートのような著名なエンジニアでも、天才アインシュタインと比較されるのはよいことなのでしょうか？　ハンス・アルバートは自らの研究分野で広く知られ、すごく魅力的な性格で、少年時代の苦難にもめげずうまく順応し成人になりました。彼は自らの一生を著名な父親の陰に隠れて送るように運命づけられていたのでしょうか？　父親の非凡な才能が息子の過小評価につながったのでしょうか？　同じ専門分野で知人のチューリッヒ大学コンラード・アカート教授が一度「ハンス・アルバートは特別な方です。彼はとても多くの天才の息子たちが陥る劣等感を持っているようには見えませんでした。彼は大変余裕があり、間違いなく自身に誇りを持っているように見えました―私が今までに会った最も落ち着いた同僚の一人でした。」と言われたのを覚えています。

ハンス・アルバートは、二人の分野には大きな隔たりがあるので、自分の経歴は父親の業績から少しの影響も受けていないと言っていました。彼はハンガリーのジャーナリスト、ベーラ・コルニッツァーに「父親の名声に到達しようなんて、潜在意識的にも考えていません。」と言っています（文献20、49頁）。かつて学生がハンス・アルバートに、なぜ父親の後を追い物理学に従事しなかったのかと尋ねたところ、彼は「もし誰かがある浜辺できれいな貝殻をすべて拾いあげてしまったら、あなただってほかの浜辺に移動するでしょう。」と答えました。

ベーラ・コルニッツァーが、ハンス・アルバートに、カリフォルニア大学に展示されている父親の胸像と一緒にポーズをとるように頼んだとき、彼は渋々それに応じました。彼はたびたびインタビューを申し込まれましたが、いつも時間がとれませんと答えていました。ほんのたまに、彼は同情的になり、応じたこともありましたが。

一九六三年に、新聞記者のJ・トールマーはハンス・アルバートと会見し、彼の記事を「ニューヨーク・ポスト」に書きました。トールマーがハンス・アルバートに大学での時間の割り振りを尋ねると、彼は「授業に四〇％、研究に六〇％、外部の仕事に一〇％、そして煩わしいお役所仕事に二〇％、合計一三〇％で

カリフォルニア大学図書館で、嫌々ながら父親の胸像の前をポーズをとりながら歩くハンス・アルバート。この写真は1952年にベーラ・コルニッツァーにより撮られました（ドリュー大学ベーラ・コルニッツァー史料館提供）。

す。」と答えました。記者は彼を学生が大好きな人間と書いていました。彼の真心は学生に通じていました。一九六一年に私たちが世界旅行をした際、ハンス・アルバートが訪問した水理学の授業が行われていたほぼすべての大学で、以前彼の学生だった友人を見つけました。

ハンス・アルバートは穏やかでしたが、いつもどおり自己紹介しても、「あなたはアルバート・アインシュタインと関係があるのですか?」という避けられない質問が時折出されることがありました。通常、彼はユーモアのある返答で質問をかわすのですが、これはやさしいことではありませんでした。ハンス・アルバートの友人で同僚のドナルド・ボンデュラントは、長年ハンス・アルバートと一緒に多くの学会に出席しましたが、いつも人懐っこく陽気だった彼が、ただ一度、声を荒げて、誰かの質問を急に遮ったのを聞きました。あの質問はどこへ行っても出る、まるで古代中国の水を一滴一滴垂らす拷問のようだと、後で彼はボンデュラントに言いました。

第四章

エリザベス・ロボズ・アインシュタイン

ハンス・アルバートの生涯におけるエピソードは、彼の父親について書かれたさまざまな本に見ることができます。それとは対照的に、私の生涯は、家族、友達、それから神経科学の同僚以外には、ほとんど知られていません。この章では、一九五九年にハンス・アルバートと結婚する前の自分の人生について話をすることにします。

私は、一九〇〇年代はじめ、当時はハンガリーでしたが、ルーマニアも主権を主張していたトランシルヴァニアで生まれました。私が生まれ育った町は、ハンガリー語で「サスヴァロシュ」、ルーマニア語で「オラスティア」、そしてドイツ語で「ブロース」と呼ばれ、住民はこれら三つのグループで構成されていました。

私の父は、サスヴァロシュのユダヤ教主任指導者であり、高校教師でもありました。ユダヤ教のラビの神学校と大学で哲学と文学を学び、立派な教育を受けた人でした。彼はまた、ペルシャ語とアラビア語など、言語学に興味を持っていました。サスヴァロシュに住んでいたころ、私たちは反ユダヤ主義を感じたことはありませんでした。父はたくさんの異邦人（訳者注：ユダヤ人から見ての）の友人を持っており、親友はユダヤ人でない医療部隊の大佐でした。
私には三人の姉妹（ユーリシュカ、ロズィカ、エディス）と二人の兄弟（カール、オットー）がいました。父が一九一四年に亡くなるまで、私たちは幸せな家族でした。父は博士号取得のための最終試験を受けるためブダペストに行き、悪性の風邪をひきました。父は家に帰ってから風邪をこじらせ、高熱が続き肺炎になりました。抗生物質もなく、数日後に亡くなりました。

父が亡くなり、母はサスヴァロシュに住むことに耐えられなくなり、一家は母が生まれた今日ハンガリー西方にあるニーレジハーザに引っ越しました。そこには母の三人の兄弟と一人の妹が住んでおり、彼女を援助すると約束してくれました。しかしながら、彼らも自分たちの家族で手一杯で、母は自分で何とかするしかありませんでした。母がもらった年金はわずかでしたから、編み物をしたり、高校生に部屋を貸したりして、幾らかの収入を得ました。彼女は苦しい生涯を過ごしましたが、子供たちには立派な教育を受けさせました。

私が高等学校（初等教育後八年目）の最終年のときに、反ユダヤ主義が、当時ホルティ政権であったハンガリーで広がりはじめました。ハンガリーの国会は、制限制度に当たる入学許可割当て制度を適用し、ハンガリーの全人口に占めるユダヤ人の割合を考慮して大学が受け入れるユダヤ人学生の数を制限しました。ハンガリーは入学許可割当て制度を導入し、大学に入学するユダヤ人の人数を制限した最初の国家でした。

その年のある日、私は黒板の前に呼ばれ、ほとんどの級友が解けなかった問題を解きました。担当の教師は「そうですね、君はよくできる学生です。しかし、君はユダヤ人だから大学に入れてもらえるとは思えないよ。」と言いました。しかしながら、彼は私の試験（ユダヤ人学生に通常受けさせていた）の成績を低くはしませんでした。マツーラ（Matura）と呼ばれる大学入学資格試験の五つのすべての学科で私の成績はイエレッシュ、「優」でした。

私は自分がユダヤ人で女性であるため、ブダペスト大学には入学できないと考え、ウィーン大学に入学するためにウィーンに行きました。その当時、ウィーン大学はヨーロッパ大陸における傑出した教育機関のひとつでした。私は化学と物理学を専攻することを決心しました。ツェルナー教授の影響を受けて、私の興味は植物の生化学に向けられました。学部時代、私は彼の実験室で仕事をし、その代りに経済的支援を受けました。

後になって、私は化学科の教授のクラスにおける実験用装置の準備を手伝って、わずかな給料をもらいました。担当教授が部屋に入ってくると、全学生は起立し、私は黒板の側に立ち、彼が行なおうとする実験順序の変更にいつでも対応できる準備を整えていました。

お金はありませんでしたが、どうにか教育を終え、ほかの学生たちとの交流を楽しみました。学生たちの夕食はメンザ（Menza）と呼ばれる団体から低価格で提供されました。この団体はロスチャイルド家の一員によって資金を提供されていましたが、食事はユダヤ人学生に制限されてはいませんでした。

私はウィーンに住んだ最初の部屋のことをよく覚えています。部屋は小さく、窓は狭い路地にだけ面していました。時折、自分は空気が不足しているように感じることがありました。幸いなことに、大学には素晴らしい図書館があり、私はそこで勉強をしました。

大学生たちにとっての最大の楽しみはウィーンオペラでした。私は音楽を楽しみ、大勢の友達、中には長い付き合いとなる友達ができました。私は二年の間、一人の工学部学生とお付き合いしました。あのころ、青年たちは「高潔」でした。私たちの愛情の表現は接吻と抱擁の域を超えることはありませんでした。何年もの後、偶然に古いオペラ友達に会ったとき、私たちはこのことについて大笑いしました。必ずしも学生全員が私たちのように高潔ではなかったのです。

一九二八年に私はウィーン大学より最優秀の博士の称号を授与され、ハンガリーに戻りました。ハンガリーの教育大臣は、ハンガリー以外の国の大学卒業生は、形式ではあるが、自国で最低三科目履修し、再審査を受けねばならないという規則をつくりました。それに従い、私はブタペスト大学から博士号の承認を受けました。そして、ブダペストに本社のある大きな農産物会社に職を得ました。

社長は、私に各種の農作物の型どおりの検査をするのには十分すぎるほどの知識があることから、代わりに植物栄養の実験室を設立するよう命じました。会社には最新の器具が備わっており、大学か植物実験所でしかできないような実験を行いました。私は、会社のサイエンス部門を代表して、国際会議に派遣されました。ブタペストで開催された学会で、私は"schadlichen stickstoff"(有害な窒素)と題する最初の論文を発表しました。この物質は、細胞の成長を麻痺させる影響を持ち、後年になって私が長年研究をすることになる脳炎誘発性の蛋白質に非常によく似たものでした。

私の最初の論文は学会論文集の形で出版され、何年か後、カリフォルニア工科大学の職を得るのに役立ちました。私の論文が出たころ、会社は私をプラハの学会へ出席させてくれました。私はブダペストからドイツ経由でウィーンに行きました。私がハンガリーに戻ってきた翌日(私がドイツを通過した翌日)、ドイツを通過しようとしたユダヤ系の人たち全員が汽車から下ろされ逮捕された(おそらく殺された)ことを知りました。

ユダヤ人であった社長が逮捕されたとき、私はまだ農産物会社にいました。噂によれば、彼は自殺し、財産は没収されたそうです。カトリック改宗者であった部長は、ナチの時代は身を隠していました。大戦後、一九四五年のロシア人による、いわゆるブダペストの解放の初日に、この男性は何年かぶりに街に出ましたが、すぐに逮捕され、二度と音信がありませんでした。

移住とアメリカでの生活

ハンガリーで反ユダヤ主義がとても迫害的になってきたので、私は一九四〇年にアメリカに移住することを決意しました。当時は、農業の専門家として優先的にビザが取れたのです。

当時、家族はブダペストに住んでいました。私は家族、とりわけ母には二度と会えないとわかっていたので、さようならを言うのは大変辛いことでした。心臓病を患っていた母も同じ予感があったに違いありません。出発の前夜遅く、私が母に何か書こうと椅子に座っていたとき、母が部屋に入ってきました。彼女は「数時間一緒に過ごしましょう。」と言い、私たち二人は言葉を交わし続け、そして泣きました。

船が出航するイタリアの港街ジェノア行きの列車は翌朝早く出発しました。姉妹のロズィカ、エディス、兄弟のカール、オットーが駅まで見送りに来てくれました。私は、第二次世界大戦終戦前、アメリカに向けてイタリアを出航した最後の客船コンチ・ディ・サヴォイヤ号で航海しました（戦争の後期、この船は魚雷を受け、今は大西洋のどこかの海底に横たわっています）。

船は、空爆を警戒し、燈火管制を敷いて暗闇の中、ニューヨークに向けて航行しました。ニューヨークでは医者の従兄が埠頭で待っていました。ニューヨークから、農業の専門家としての職が割合たやすく見つかりそうなカリフォルニア州まで、三日間汽車で移動しました。ハンガリーを出国するとき、一切の現金の持ち出しは禁じられていましたので、この汽車賃は、全米大学女性協会からのローンによって賄われました。汽車はようやく春が訪れたロッキー山脈を越えて行きました。

私は、サクラメントの三角州地域のストックトンにある、当時アメリカで最大のじゃがいも生産者であるズッカーマン社に仕事を見つけました。私はそこで、ブダペストの農産物会社と同じような植物栄養を研究する実験室を設立しました。数年後、私はカリフォルニア州における最初の友達で、当時ストックトンのパシフィック大学で栄養学を教えていたアディーナ・ロビンソンと一緒にパサディナを旅行しました。

一九四二年のある日曜日の午後、パサディナに滞在していた私は、有名なカリフォルニア工科大学を訪問しました。生物学科の建物を見つけ、私は衝動に駆られ、中に入って行きました。驚いたことに、生物有機化学教授で大気汚染の科学的調査の先駆者であるハーゲン・スミット博士に偶然お会いすることになりました。スモッグの光化学的要因を識別したのは彼でした。

私たちは数分間話をしました。私は勇気を奮って、是非、カリフォルニア工科大学で仕事を見つけたいと彼に訴えました。私は、思いきって博士証明書を取り出して彼に見せました。ハーゲン・スミット博士は、その場ですぐ私を雇ってくれました。

私は、翌週すぐにハーゲン・スミット博士の助手としてカリフォルニア工科大学で仕事をはじめました。彼のもとで働きながら、私は多肉植物のアロエベラ（訳者注：多肉多汁植物の一種）の特性を勉強しました。一年も経たずに、この研究は、生物化学学会誌に二編の論文となって出版されました。

カリフォルニア州での最初の数年間、私は家族がどうなっているかもわからず、援助もできず、二重の苦痛を味わいました。ハンガリーからのアメリカへの移住は、大戦中に耐えてきた恐ろしい経験から、みんなが私を救ってくれました。ハンガリーで、私は、男性は女性よりずっと危なかったことを、妹の伝言から察しました。ユダヤ人男性は労働収容所に連れて行かれたのです。日中は研究に追われ、夜は家族のことを心配して過ごしました。

私の苦しみは、カリフォルニア工科大学で会った人たちによって幾分癒されました。ほかの学科の若い同僚や、ハンガリーから逃げてきた若い女性に同情的な数名の教授やその夫人たちです。私は、当時カリフォルニア工科大学学長のロバート・ミリカン博士、世界でトップクラスの化学者であったライナス・ポーリング博士、そして、ハンガリーから数年前に来られたゼックマイスター教授などの偉大な教授に出会い、知遇を得ました。

パサディナでの最初の年、ヴィットー・ヴァノニ教授と夫人のエディスが、毎年恒例の祝日パーティーに私を招待してくれました。私は二人の研究者と一緒に参加し、フリーダとハンス・アルバート・アインシュタインを紹介されました（ハンス・アルバートは当時、カリフォルニア工科大学にある合衆国農務省の研究技術者でした）。フリーダとハンス・アルバートはヴァノニの家族と親しく、第二次世界大戦中に彼らがサウス・カロライナ州からカリフォルニア州に引っ越し、パサディナで家探しをしているときに、短期間彼らの家に住まわせてもらったことがありました。ハンス・アルバートは、初対面のときから寛いだ笑顔と親切で打ち解けた作法で、私に強い印象を与えました。アインシュタイン一家と私はその後連絡を取り合い、折々の祝祭日に招待し合い、旅行の絵はがきなどのやりとりをしました。

多忙な研究、素晴らしい友達、そしてそれなりの成功をもってしても、私は心の不安をぬぐい去ることができませんでした。私は、自分の家族を救出する方法を必死に探していました。目撃者によれば、ハンガリーのナチス警備隊員は、強制労働所に入れられる貧しく飢えたユダヤ人に特に残酷でした。もし誰かが、病気か極度の疲労で倒れると、警備隊員に殺されました。捕虜たちがハンガリーの市内や村中をあっちこっち行軍させられていても、誰も彼らを助けることができませんでした。

ハンガリー市民はアメリカの在住者より援助の宣誓供述書を得ることができれば、ハンガリー政府は市民に移民許可を出すことを知りました。友人の二人の弁護士の支援で、私は援助の宣誓供述書を家族に送付しました。しかし、遅過ぎました。ナチスの考え方は、すでにハンガリーに浸透していました。後に、私の兄弟のカールと二人の異母兄弟は、ハンガリーのナチス隊員（矢十字党員）によって、強制労働所に連れて行かれる際に殺害されてしまいました。

一九四四年にブダペストにある男の子のためのユダヤ人孤児院の院長をしていた兄弟のオットーが、スウェーデン人外交官のラウール・ウォレンバーグを支援していたことを私は第二次世界大戦後に聞きました。ウォレンバーグがブダペストにやってきた一九四四年七月九日から、密かに身を隠した一九四五年一月十七日までのドイツ軍占領下の六か月間に、この勇敢で恩情深い男性がおそらく十万人にのぼるユダヤ人の子供たちの命を矢十字党員から、そしてアドルフ・アイヒマンの死の行進と撲滅強制収容所から救ったのです。

私はカリフォルニア工科大学で研究を楽しんでおり、研究助手から准研究員に昇進したとき、とても名誉に思いました。しかし、その当時、カリフォルニア工科大学では、女性は学部の教授に任命されませんでした。私は大志を抱いていたので、好機をとらえるほかの機会を探しました。最終的には、一九四五年に、ララミーにあるワイオミング大学で教職の地位に就きました。この大学は、カリフォルニア工科大学ほどの名声や水準は高くありませんでしたが、この異動は賢明であったと思います。

私が五月にララミーに着いたとき、雪が降っていました。タクシーの運転手が、スーツケースにパサディナの荷札がついているのに気づき、「あなたは、本当にカリフォルニア州に帰りたくないのですか？」と尋ねました。「いいえ。」と涙が出そうになりながら、タクシーの凍りついたウィンドウからパサディナの素敵な部屋と庭に代わるアパートを捜しました。しかし、翌日に准教授と工学部附属の天然資源研究所の化学研究員の契約書に署名した後は、私の精神は高揚しました。私は、ワイオミング大学には数年しかいませんでした。それから、カリフォルニア州に戻り、スタンフォード大学の助手の職を得、一九四八年から一九五二年まで勤めました。

一九五二年に論文発表と職探しのためにアメリカ生化学学会の年次講演会に出席しました。そこで、ワシントンDCにあるジョージタウン大学医学部の生化学学科主任の面接を受けました。彼は生化学の研究ができ、教鞭を執れる人物を探しており、私を准教授として採用してくれました。ジョージタウンでは、私は医学生に生化学を教えました。しかしながら、私の給料は神経学科から支給されていましたので、神経系の科学に傾倒せざるを得ませんでした。私は神経科学の文献を勉強し、腫瘍の病理学やほかの脳の疾病に関する講義に出席し、少々気おくれしながらも脳の切開手術を観察しました。

私は神経学科の主任に、今でもよくわからない病気で、決して稀ではない多発性硬化症の研究に集中するよう説得しました。多発性硬化症は、かなり若い年代、通常四十歳代かあるいはもっと若い年代でも発症します。私は多発性硬化症の色々な側面に興味を持ちはじめ、NIH（国立衛生研究所）の科学者たちの研究に加わりました。私の研究に対して、カトリック教大学の研究者の中で、最も価値ある研究をした人に与えられるラシュコブ教員賞が授与されました。私の研究は数編の論文にまとまり、私はアメリカをはじめヨーロッパでの多くの学会に招待され、発表をしました。

一九五五年、私がジョージタウン大学医学部で研究をしていたときに、ハンス・アルバート・アインシュタインがワシントンに仕事で来て電話をくれました。彼は医学部の私の実験室を訪れ、実験が終るまで、待っていてくれたのを覚えています。その後、私たちはジョージタウンの小さなレストランで一緒に夕食をとりました。

あまり大した話はありませんが、ワシントンDCに住んでいたころのエピソードが二つあります。いずれも住んでいたアパートの隣、ウィスコンシン街二四〇〇番地にある、当時マウント・アルト病院と呼ばれていた退役軍人管理病院での出来事です。私は時々、マウント・アルト病院に立ち寄り、ジョージタウン大学医学部の自分の実験室で分析するため、氷詰めになった数本の脳脊髄液試料を持ち帰っていました。ある日、マウント・アルト病院の一人の看護婦が、私が分析したたくさんの多発性硬化症患者の脳脊髄液の持ち主の一人について話をしてくれました。彼女が言うには、この男性はシカゴ大学の生理学教授でした。彼は、私の研究について聞いており、私に会いたがっていたのです。翌日の感謝祭の日に彼に会いに行きました。

彼の妻は、彼が多発性硬化症を患ったことを知ると彼と離婚し、子供たちも一度も見舞いにきませんでした。その次に病院を訪れた際、その看護婦に、私の訪問がこの男性の最後の喜びになったと聞きました。彼は、感謝祭の翌日に亡くなっていました。

私は、ジョージタウンにいる間、自分の収入を増やすため、神経学の研修医を対象に試験委員会の神経化学の試験の講義を退役軍人管理病院で行いました。私は、セミナーや講義で使われる大きな講義室で授業をしました。ある日の午後、私は暗い部屋でスライドを用いて講義をはじめたところ、突然、一本の腕が私の首に絡まったように感じました―誰かが、私の首を絞めようとしていたのです！　とっさに、私は大声を上げ、明りを点けるように叫びました。しかしながら、暗闇と混乱の中で誰も電源スイッチをすぐに探し出せませんでした。ようやく電気が点いたとき、暴漢が腕を緩めました。

二人の男性看護士がやってきて、暴漢を精神科病棟に連れ戻しました。私は心を落ち着かせ、「さて、私は、最近自分が開発した脳脊髄液のガンマ・グロブリンの測定方法についてお話する予定でしたが、まさかヒッチコックの映画に出演するとは夢にも思いませんでした。」と言いました。受講者が拍手をし、医者の一人が「エリザベスをシャンパン・ディナーにお連れしましょうよ。」と言いました。

一九五〇年代で私の最も大切な出来事は、兄弟のオットーと姉妹がハンガリーからアメリカに到着したことでした。オットーは一九五三年七月にやって来ました。私はワシントンDCからニューヨークまで彼を迎えに行きました。彼には十三年以上も会っておらず、待つことに耐えられない状況にあったことを覚えています。空港で待っていると、拡声器から悪天候のため飛行機がワシントンDCに着陸しなければならないとの情報がありました。数分後、天候変化で飛行機がニューヨークに着陸できる許可が下りました。何年もの間会っていない兄弟に会えた喜びは、とても筆舌に尽くすことはできません。

四年後の一九五七年の七月に姉妹のロズィカとエディス、そしてロズィカの夫が移住可能となり、ロボズ家の生存している兄妹四人は十七年ぶりにやっと再会することができました。

ジョージタウン大学医学部は、私に深い感動を与えてくれました。神経学科は、私の関心を神経科学に向けてくれたのです。それ以降、神経科学の研究は、私の仕事になりました。神経科学がようやく芽生えたときに、私は、ちょうどジョージタウンにおり、それ以来大きく発展し続けた分野の基礎づくりの一翼を担うことができました。

私は、ジョージタウンでの生活を楽しんでいましたので、一九五八年にスタンフォード大学医学部から准教授の職を提供されたとき、ここでの六年間の絆を絶つのは容易ではありませんでした。兄弟と姉妹に別れを告げるのはもっと辛いものでした。この別離の苦痛は、妹のエディスが私と一緒にパロ・アルトに引っ越し、同居する決心をしてくれたことで癒されました。私がカリフォルニア州に戻る決心をした時点では、この環境の変化がハンス・アルバートと私を再び結びつかせ、生涯で最も幸せな出来事―結婚へと導いてくれるとは思ってもいませんでした。

スタンフォード大学では、私は神経学科に所属し、神経化学を教えました。大学を移るにあたって、私は適当な実験スペースと装置を手に入れる必要がありました。一九五八―一九五九年の学期にパロ・アルトに着いたとき、大学は新しい医学部の建物を建築していました。ですから私の実験室は、最初は免疫学科の建物の中にありました。

私は、ジョージタウン大学で自由に実験室を設計し研究をしていたのと全く同じように、事実上独立していました。私の給料は大学から支給されましたが、研究助手の給料や実験器具の費用は自分で取得する必要がありました。スタンフォード大学に来てまもなく、国立衛生研究所から助手の給料や実験器具のための助成金を獲得しました。これらの資金や民間助成金を取得するにあたって、当時、神経学科の主任であったヘンリー・ニューマン教授に助けてもらいました。

私の研究室の職員は、博士号を取得した二人の医学博士と二人の技官から構成されていました。私たちすべての職員は、一生懸命効率的に働き、多くの論文を発表したり、セミナーをしたり、多くの学会から招待を受けました。

私は、国立衛生研究所や後の全米科学財団からの助成金のほかに、多発性硬化症協会からも研究費を獲得しました。この協会は、しばしば、医師（ほとんどが神経医）だけでなく、患者も出席できる会合を準備してくれました。論文発表後、患者から「あなたの研究には感謝しますが、いつ多発性硬化症が治せるようになるのですか?」といった的を射た質問を受けることがありました。この質問には答えられず、心は悲しみで一杯になりました。

私は、神経科学、特に多発性硬化症の特徴である神経を被う鞘（さや）・ミエリン（訳者注：神経細胞の軸を包む化学物質）の劣化の研究に没頭しました。あなたが長い間研究を続け、自己の最終地点にたどり着いたとき、来た道を振り返り、自分の研究が短命なものであったか、あるいは、ほかの研究者が引き継ぐだけの基盤を樹立したものかを自らに問うと思います。私の幾つかの研究は今日でもほかの研究者たちによってさらに展開されていることを知って、私は満足です。

私は、スタンフォード大学に勤務した期間、自分のほとんどの時間を研究者として名をあげるために費やしました。しばしば、私は夜遅くまで仕事をしました。でも、私はほかの活動、特に友人との付き合いにも時間を割きました。

エリザベスとハンス・アルバート（一九五八—一九五九）

スタンフォードに戻ってきたとき、ＥＴＨでハンス・アルバートの博士論文の審査委員の一人であったジョージ・ポヤに会いました。私は彼から言われフリーダとハンス・アルバートに電話をしました。その後、私たち三人は、何度か、スタンフォードの私の家かバークレーの彼らの家で一緒に夕方のひとときを過ごしました。

一九五八年の十月にフリーダが突然亡くなりました。ハンス・アルバートは、ぼう然自失となりました。

その後の数か月間は、彼にとっては辛い、悲しみのときでした。何年も前に、彼らは、幼い息子クラウスを失う悲しみを一緒に受け止めました。そして、今度はフリーダを失ってしまったのです。

最初の衝撃と悲しみが段々と薄れはじめたとき、ハンス・アルバートは、交友を求めて友人たちと接触するようになりました。今やひとりぼっちの彼は、私を訪ねてきて、二人でフリーダの話をしました。私たちは親しい友達となり、普段、友人同士がするように、一緒に楽しめるコンサートに行ったり、外食をしたり、私たちの研究と人生について論じたりし、お互いを知るために一緒に時間を過ごしはじめました。

1966年のエリザベス・ロボズ・アインシュタイン。

私は、科学者という職業柄、感情より事実を書くことに慣れています。そして、私は生まれつき引っ込みがちな人間ですから、自分のことを書いたりするのは苦手なのです。私たちの友情がどのようにして段々と親密になって行ったかを言葉で表すのは大変難しいことです。

話をすればするほど、私はハンス・アルバートから深い感銘を受け、彼の温かさ、好意と素晴らしいユーモアのセンスに心を魅かれていきました。彼は、私のハンガリー風の話し方を笑い、私は、彼のスイス訛りをひやかしました。彼は、時には一日に二度も電話してきました。私がバークレーの彼の家を訪ねたとき、ピアノを弾いてくれました。私をセーリングやバークレーのティルデン公園での長い散歩に連れて行ってくれました。そしてパロ・アルトの私を訪ねるときは、彼はいつも花を持ってきてくれました。切り花は駄目だ―すぐにしぼむからね、と自分の人生がいかに早く過ぎていったかを思い起こしながら言いました。彼は、蕾をつけたゆっくり開花する植物を選んで持ってきました。私たちが抱いている感情を蕾に例えたのです。ハンス・アルバートの例えは、私たちの間に何が起ったか―互いを思う感情がいかにして強くなり、深められ、恋愛となっていったかについて、私のどんな言葉よりも、ずっと上手に説明しています。数か月が経って気がつくと、私の家も心も花に埋もれた庭園になっていました。

ハンス・アルバートはバークレーに住み、研究をしていました。私は、パロ・アルトに住み、スタンフォード大学で研究をし、サンフランシスコの退役軍人管理病院の研修医師たちに神経化学を教えていました。私は講義の後、ハンス・アルバートとセント・フランシス・ホテルで落ち合い、夕食に出かけ、その後、演劇か演奏会に行くか、あるいは友人たちと夜を過ごしたりしました。

一九五九年五月、カリフォルニア州医療協会がサンフランシスコで年次学会を開催しました。私は「トリプトファン（訳者注：必須アミノ酸のひとつ）代謝」と題した論文の発表を聞いてくれるよう、ハンス・アルバートを招待しました。彼は招待を受けてくれました。私は、彼が会場にいたので興奮しました。そして何か特別なことが起きると感じました。

論文発表後、私たちは学会が開かれている建物の中で昼食をとりました。私は、何と、赤と白の格子縞のテーブル・クロスさえもはっきりと覚えています。ハンス・アルバートは私に「結婚してほしい。」と言いました。私は「研究を一生涯続けるつもりよ。」と言いました。彼は「結構だよ。結婚した後でね。」と言いました。私は彼のプロポーズを受け入れました。

第五章

二人の生活
（一九五九―一九七三）

私たちは、一九五九年六月五日に、バークレーの市役所で簡素な式を挙げ、結婚しました。私の兄弟オットーとスイス人の友人ハンス・ジェニー教授が証人として署名してくれました。その後、クレアモントホテルで開かれたお祝いのブランチ（訳者注：朝昼兼用食）には、私の姉妹エディスのほか、親族が出席しました。ハンス・アルバートと私は、彼の大好きな、私は行ったこともなかったカナディアン・ロッキーへ新婚旅行に出掛けました。

私たちは、オレゴン州を海岸沿いにワイン地帯とセコイアの森を通り過ぎ、ワシントン州を抜けて北へとドライブしました。五日間運転して、やっとルィーズ湖に到着しました。天候は穏やかでしたが、少し雪が残っていて高速道路はほとんど車が見られませんでした。

私たちは、はじめて何時間も何日も一緒に過ごしました。素晴らしい光景を楽しみ、ハンス・アルバートは写真を撮るために特に美しい場所を探しながら、長い散策をしました。夕方には電気を消し、暖炉の前で私たちは出逢う前の人生について語り合いました。

1959年のハンス・アルバートとエリザベス、新婚旅行中のルィーズ湖畔にて。

私はルィーズ湖での微笑ましい記憶が残っています。ハンス・アルバートは一軒の店で二つの小さなぬいぐるみの熊を買い、それらを彼のオールズモビル車のダッシュボードに繰りつけました。愛とユーモア、そして私たちのやや太めの容貌に引っかけ、それらを父さん熊、母さん熊と名づけました。その後、彼がオールズモビル車を変えたとき、その小さい熊ちゃんを新しい車のダッシュボードに移しました。今や、だいぶ古くなった二匹の熊は、私のベッドの頭板に繰り付けられ、自分の生涯で最も幸せであったころを思い出させてくれます。

私たちは、分別のある大人であり、自分たちの仕事に専念しました。私は夫の研究を大変尊敬し、夫は私が研究と教職を続ける必要性を理解し、仕事を続けるよう励ましてくれました。新婚旅行から帰ると、当時、神経学科の主任であったロバート・アード博士からカリフォルニア州立大学サンフランシスコ校医学部に教職員の席が空いていることを知らされました。この医学部は、神経化学の研究と教育ができる教職員を探していました。私はそれに応募し、採用されました。私の研究はスタンフォードからサンフランシスコに移りました。バークレーからスタンフォードまで車で通勤するには、約一時間かかり、あまりにも時間がかかり過ぎました。

私はサンフランシスコで仕事をしていたので、普段はハンス・アルバートのほうが早く帰宅していました。ハンス・アルバートは、私が元気なく帰宅しても、彼はほぼいつも上機嫌でいてくれました。私は感情の強い人間で、実験がうまくゆかなかったり、不当と思われる批判を受けた場合は思い悩みました。彼は、いつも的を射た視点から物事を見るように私を説得してくれました。彼は、専門での落胆なんてほんの短い時間だけなんだから、と言いました。

ある日の午後、私がサンフランシスコから帰ってくると、ハンス・アルバートが庭の入口で、覆いのついたカゴを持って立っていました。中に入っていたのは、生まれて四週間の小さな子犬でした。ハンス・アルバートは「神経科学の本ばかり読んでいないで、何かほかのことでも忙しくしてね。」と言いました。私たちはこの犬をビュービィと名づけました。ビュービィは夫のスイス訛りの命令しか従わなかったけれども、私たちは彼を大変かわいがりました。ビュービィは、仕事が終って家に帰ったときに出迎えてくれたり、散歩に付いてきてくれたりして、三年間も私たちに喜びを与えてくれました。この犬が車に轢れ死んだとき、二人で泣きました。

私たちの生活は質素なものでした。私は、医学部から帰宅すると夕食を調理しましたが、ハンス・アルバートは、私がレシピの材料を忘れないように目の前のテーブルにきちんと材料を並べる癖を冷やかしました。彼は私が台所を実験室であるかのようにして料理をしていると笑いながら言いました。夏には、私たちはしばしば夕食の前後に、バークレーの素敵なティルデン公園を散歩しました。夕暮れには、暖炉の前に座り、ハンス・アルバートの大好きなバッハかモーツァルトのレコードに耳を傾けました。ちょうどいい時間に家

新品のオリエンタル・カーペットをかじる子犬のビュービィを見て微笑むエリザベスとハンス・アルバート。

にいるときには、二人で夕焼けを見ました。

一度だけ、ハンス・アルバートと彼の同僚たちの水理学の議論を聞いていて、私はその会話を理解できないと言いました。すると、ハンス・アルバートは、父アインシュタインの言葉を思い出し、「彼の最初の妻は物理学をよく理解していたので結果として口論することになったが、二番目の妻は物理学を知らなかったので、彼らは平穏な結婚生活を過ごした。」と冗談めかして言いました。私は二番目の妻でしたが、自分はまず水理学入門書を読んで、その後で複雑な問題（自分にとって）を議論したいと彼に言いました。でも、その段階に至ることはありませんでした。私たちは、複雑な水理学上の問題を一度も議論することなく、平穏で仲のよい生活を続けました。

バークレーの丘にある私たちの小さな家から、サンフランシスコ湾の全景が見渡せました。晴れた夕方には、サンフランシスコ、金門橋、眼下のバークレーの街並みやそのキラキラ光る赤、緑、黄色の何千もの光を見渡すことができました。でも、何と言っても、居間から見えるゴールデンイエローとオレンジピンクの夕焼けに勝るものはありませんでした。作家で、私の従兄のベーラ・コルニィツァーは、私たちが結婚する数年前にハンス・アルバートを取材訪問したことがありました。後に彼は、“American Fathers and Sons”（アメリカの父親と息子）（文献20、47頁）と題する本の中で、ハンス・アルバートの家は質素すぎると記しています。しかし、一方では、「窓から見える光景は、広々として素晴らしい。」と追記しています。

その質素な家で物を書きながら、周囲を見回すと、ハンス・アルバートのさまざまな生活を思い出すことができるのです。例えば、彼は木工工作が大好きでした。彼は十四歳の年にして、既に、父と二人で帆走できるヨットを造っていたのです。わが家では、陳列戸棚や棚をつくりました。

居間の床には、色彩豊かなオリエンタル・カーペットが敷かれています。私は、最初にカーペットを手に入れたときのことを覚えています。ハンス・アルバートは、インド水力省大臣の招待と全米科学財団の援助で、大学教授と実務技術者のグループに一連の講義をするためにインドに行きました。この記念として（それして謝礼金を使うために）、彼はオリエンタル・カーペット店に行き、一枚の美しいカーペットを選び、それを肩に担いでホテルに持ち帰りました。

私たちは、ひとつひとつわずかに色彩が異なった濃いブルーの手吹きのガラス皿をメキシコ・シティで買ってきました。これらは、私たちが訪れた吹きガラス工場で購入したもので、何年も楽しませてもらいました。

私は料理をすることが好きで、ハンス・アルバートは食べることを楽しみにしていました。一時期、月一回、集まって夕食をする職員グループに属していました。私たちは毎月、ハンガリーのグーラッシュのような質素な料理の知識でさえも分かち合い、新しい食べ物を試食しました。

ハンス・アルバートは、ヨーロッパからの訪問客を、サンフランシスコの中国料理店か、ハンガリー料理店に連れて行きました。彼は、私の誕生日には決って、ギラデリ広場にあるハンガリー料理店のパプリカ・フォノーに連れて行ってくれました。私たちの家には、正式のダイニングルームがありません。ですから、友達や同僚をもてなすときは、形式ばらない家族同様の夕食をしばしば庭でとりました。

私たちは、何度か、この家にダイニングルームを増築することを話し合いました。ハンス・アルバートの最終決定は、大切な庭の一部を犠牲にしたくなかったということに尽きます。この庭は、ハンス・アルバートにとって特別な場所でした。彼は、そこで友達と仕事をしたり話をしたり、あるいは私と一緒に食事をしたり、いつも開いている家のドアから流れてくる音楽によって、彼がそこで感じたハーモニーを完成するために、多くの楽しい時間を過ごしたのです。私たちは、多くのカリフォルニアの人たちのように、二週間ごとにやってくる庭師を雇いました。しかし、ハンス・アルバートは、ボイゼンベリー（訳者注：ラズベリー、ブラックベリー、ローガンベリーを交配したイチゴ属の新種）の手入れは好んでやり、たくさんの収穫を得ました。私の庭仕事は、水やりや薔薇やほかの花の手入れに限られていました。

ハンス・アルバートのセーリングへの愛着

ハンス・アルバートは、「マヤ」と名づけた頑丈な木材で造られた一隻の日本製ペリカンヨットを持っていました。彼は、午後に自由な時間があればいつもセーリングに出掛けました。私は時々、一緒に行きましたが、それ程頻繁ではありませんでした。ヨットに乗ると、いつも恐怖でこわばってしまい、せっかくのセーリングを楽しめず、彼が望む乗組員にはとてもなれませんでした。

ハンス・アルバートのセーリングへの愛着は、彼とはまったく異なる経歴を持つジョン・オットウェル牧師との間に友情を芽生えさせました。隣人のジョン・オットウェルは何冊もの本を書いた教養のある男性でした。船乗りはみんな乗組員を必要としますが、ハンス・アルバートは、オットウェルがヨットを持った経験豊かな船長を捜していることを知りました。この二人はセーリング・パートナーとなり、次第に親しい友人となってゆきました。一九八四年、私の要請で、オットウェル牧師は、ハンス・アルバートとの友情がどのように進展していったのかについて、次のような短い文章を書いてくれました。

私たち二人は大学教授でしたが、それぞれの専門分野はとてもかけ離れていました。私たちが一緒にサンフランシスコ湾で時を過ごしていることを知っている近所の人たちは、どんな会話をしているのか不思議に思っていました。私の専門分野は聖書学で、旧約聖書神学に焦点をあてています。私は、バークレー・キャンパスからそれほど離れていない太平洋宗教学校で教えていました。彼はスイスで生まれ、教育を受けました。私は「アメリカ中部」出身で、オハイオ州、インディアナ州、カリフォルニア州で教育を受けました。ハンス・アルバートは、私がヨットの経験がほとんどないころ、カリフォルニアヨットクラブの初期の支援者でした。共通する海への愛着とセーリング好きが私たちを親しい関係にしてくれました。

セーリングなどへの興味から、より広く、より深く付き合うようになりました。最初、私たちは、お互いに他人行儀でした。ハンス・アルバートは、愛想がよく、すぐ笑いましたが、彼はプライバシーをはっきりと重んじ、他人から少し距離を置いていました。一見したところ、彼はかなり手ごわい存在でした。彼は、ずんぐりしており、すごく体力がある印象で、よく響く声の持ち主でした。

私の以前のセーリング経験が小型船であったため、彼は私の技術をたびたび修正しなければなりませんでした。彼は、新しい乗組員の訓練に、丁重さと忍耐力を持ってとりかかりました。ルールは簡単でした。同じ間違いは二度まで許されるが、三度間違えると、嵐に向かって頭を下げねばなりませんでした。でも、最初の失敗に対しても無言ではあっても、厳しい態度でした。私たちの関係が、段々とはっきり

1973年の亡くなる1か月前にマヤ号にて帆走するハンス・アルバート。彼のセーリングに対する深い喜びは、子供のころ父親と一緒にチューリッヒゼーエ（チューリッヒ湖）でセーリングしたときにはじまりました。

してきました―彼が教師で、私が生徒ということです。アインシュタイン教授は授業で使っている方法で、私へ指示しました。最初は、彼がすべてをこなし、彼が進行方向を決め、風力と風向に合せて帆を調整するのを私はただ見ていました。有名な科学者が、現役のエンジニアであることに何度も気づかされました。彼の材料、機械、そして構造物に対する興味は、飽くことのない深いものでした。彼は、最初に、アイデアを手元にある材料を使って大まかにつくってみることが必要であると明言していました。それはよい結果を生み出しましたが、時には、そうでないこともありました。ボートのことになると、彼は自分の手でそれをつくりました。プロジェクトが大学での研究の一部になると、彼は熟練工に頼んだものでした。

日曜日には、私たちは、家からバークレーのマリーナまでハンス・アルバートのオールズモビルで通いました。ラジオは、常にサンフランシスコのクラシック音楽放送局に合わせており、私たちは坂道をバッハで下り、ブラームスで戻ったりしました。私たちは、音楽に対する強い愛着を分かち合い、時には、自分たちの趣向の違いについて、友情を保ちながら議論しました。彼はクラシック音楽については正統派でした―よい音楽はハイドンではじまりブラームスで終りました。私は、すべてのクラシック音楽を楽しんでいましたので、私にとってこれはいささか問題でした。

相手に慣れてくるにつれ、段々と私たちの会話は遠慮がなくなり、家族についてのさりげない話題も自然に出てくるようになりました。彼の最初の妻フリーダへの思いは依然として残っていました。彼は、革命が勃発したスペインに二人で旅行した話をしてくれました。また、彼女とセーリングに出掛け、彼女が船酔いで操縦席に横たわらなければならなかった話をしてくれました。彼は、二番目の妻エリザベスに強い愛情を持っており、彼女の学術的な業績を尊敬していました。

ハンス・アルバートの人としての偉大さは、彼が完全で自律的な円熟さを身につけていたからかも知れません。思えば、一人の偉大な男性の息子としては、本人自身が自信を持って漕ぎ出す前に、父親の名声と折り合いをつけなければなりません。ハンス・アルバートは、早くして会得した強い独立思考の習性に助けられたのかもしれません。しかし、彼は我々誰しもが必要とする自尊心を育くまなければなりませんでした。

ハンス・アルバートが旅行から持ち帰った素晴らしいカラー・スライドを見れば、彼の自然への愛着がよくわかります。彼が撮ったヨーロッパの教会のステンドグラスのスライドは、私がいまだ見たことのないくらい美しいものです。彼の撮ったコプト様式やビザンチン様式のフレスコ画の写真は、どの教会美術の図書館に入れてもいいような価値のあるものです。私の記憶に最もしっかりと焼き付いているスライドは、インターラーケンからユングフラウまでの汽車旅行の際に撮られたものです。天候に恵まれ、さんさんと輝く日光とふわふわした雲の出た日でした。もちろん、彼は経路を熟知しており、高いアルプス山脈、氷河の峡谷、むきだしの岩、高い峰々にかぶったまばゆいばかりの雪をカメラで撮る準備ができていました。

ひとつだけ、ハンス・アルバート・アインシュタインの宗教上の信念について述べておきたいと思います。私の職業は、クリスチャンが旧約聖書と呼ぶ神聖な教典に一生涯捧げることが要求されます。ユダヤ教が西洋文明に半分ルーツを与えたという私の持論に対して、アインシュタイン博士はすぐに同意してくれました。

ハンス・アルバートの音楽への愛着

ハンス・アルバートの音楽への情熱は、アインシュタインとミレヴァ二人に教えられた幼少時代に遡り

孫のポールのヴァイオリンに合わせてピアノを弾くハンス・アルバート。

ます。ハンス・アルバートは子供のころ、ピアノのレッスンを受けました。ミレヴァはピアノを、アインシュタインはヴァイオリンを弾きました。ハンス・アルバートは生涯を通じて、コンサートやレコード盤でクラシック音楽を聞き、ピアノを弾くことに大変な喜びを見出しました。私たちは、バークレーでの演奏会のシーズン・チケットを持っていて、しばしばサンフランシスコに交響曲を聞きに行きました。

才能豊かなチェロ奏者で教師でもあるマーガレット・ローウェルは彼と同じバークレー室内楽団の一員でした。私は、彼女に彼らの音楽の成り立ちについて記して欲しいと頼みました。すると、一九八四年ごろに彼女は次のような文章を書いてくれました。

アインシュタイン博士と二十年以上も一緒に演奏ができてうれしく思います。彼は、決まって火曜日の朝七時四十五分ごろ、大学の講義に行く前に私宅に立ち寄りました。私たちは、一時も無駄にしないように話し合い、すぐに演奏をはじめました。彼は小編やあまり知られていない曲には関心がなく、本物のクラシックしか奏でませんでした。彼がバッハ、ベートーベン、ブラームス、シューベルトを奏でたかったので、私たちはいつもこれらを混ぜた豊かでたっぷりした演奏メニューをつくったのです。彼は、ベートーベン・ソナタとバッハのヴィオラ・ダ・ガンバ・ソナタが好きでした。私が、ガンバ・ソナタのG・マイナーのチェロ部門でヘマをしたとき、彼はその箇所を注意深く写真に撮ってプリントし、それを私にくれました―私は、今でもそのコピーを持っています。彼は、チェロの短い独奏と共演するのを好みませんでしたが、私たち二人は、ブラームス、シューベルト、シューマンの歌曲集を楽しみました。彼が、どの曲が好きかはすぐにわかりました。彼はピアノに前かがみになり、彼の脊髄を伝わるように音楽に吸い込まれて行きました。私たちは、曲が必要とする抑揚とリズムの流れをきちんと合わせるように演奏したものです。これは、血筋か、音楽を聞きながら育った人だけがなし遂げ得るものです。

ハンス・アルバートは、また、ピアノで自分自身の音楽を即興で演奏しましたが、バッハによく似ていたので、彼はそれを楽譜にすることは考えませんでした。

ある日、私たちはリストの「ローレライ」をラジオで聞いていました。私は彼に、その曲を好きかどうか尋ねました。彼は音楽が感傷的で、やかましいので好きではないと答えました。ハンガリー人の私は、楽しかったと彼に言ったところ、彼は「ローレライ」を弾いてくれました。でも、彼の好みに合わせて、音調を下げてでしたが。

ハンス・アルバートとエリザベスの旅

私たちは休暇に旅行をしたり、学会に参加することで、新しい土地や好きな場所を訪問し、友達や親戚と一緒に時を過ごすこともできました。私たちは、旧友を訪ねるために、短い旅ですが、パロ・アルトとパサディナに行きました。私の姉妹やワシントンにいる兄弟を訪ねたり、一九七一年にはエディスと一緒にハンガリーとユーゴスラビアへ、兄弟のオットーとノルウェーへ、その後船でロシア国境まで旅行をしました。ハンス・アルバートと私は、終日離れて仕事をしていましたので、一緒に外国旅行ができるときは、たいへんうれしいものでした。これらの旅行では、私たちは自分たちの専門分野の講義をしたりセミナーに出席したり、はじめての場所を一緒に探索しました。これらの旅は、家にいるときよりも、もっと多くの時間を一緒に過ごす機会を与えてくれました。私たちは風景を楽しみ、夫は何千枚もの素晴らしい写真を撮りました。

一九六一年から一九六二年まで、私たちはともに研究休暇をとることができました。そのため、友人を訪ねたり、専門家の集まりに出席したりして、新しい場所を見つける楽しみを味わい、いつもよりずっと余裕のある旅行ができました。その年に、私たちは、インドのニュー・デリー、アグラ、カルカッタ、パキスタンのラホールとカラチ、フィリピンのマニラ、東京、バンコックへと旅行し、数か月間過ごすとともにさまざまな場所に行きました。

ハンス・アルバートはＳＥＡＴＯ（東南アジア条約機構）に招かれ、水工学の高等研究プログラムを持つ工科大学をバンコックに設立する支援をしました。彼は五か月間（一九六一年の十月から一九六二年の二月まで）、カリキュラムの開発、並びに研究計画の策定に従事しました。後になって、バークレーでハンス・アルバートの学生であったロバート・バンクス教授がこの新しい大学（訳者注：現在のアジア工科大学）の学長になりました。

バンコックにあるサオワパア女王研究所（パスツール研究所とも呼ばれる）の当時の所長のプラナナンダ

博士が、私がアメリカで研究していた狂犬病予防接種の有害作用の研究計画を立てるように依頼してきました。パスツール研究所での仕事のために、私は自分の実験器具や化学薬品を持って行きました。しかし、これらがタイ国の国益になるにもかかわらず、タイ国の税関係員は私に関税を払うように要求しました。ハンス・アルバートがSEATOの外交特権を持っていたので、最終的には実験器具は関税を払わずに戻してくれました。

私たちのバンコックでの滞在は、有益であったと同時に楽しむことができました。その当時、私の研究課題のスポンサーでありタイ国赤十字社の総裁であったシリキリット女王にお会いできて光栄でした。彼女は、親しみやすく、私の研究課題に興味を示され、研究の詳細について質問されました。ハンス・アルバートは、大学の職務から解放されたときには、いつも色彩豊かな寺院をいくつも訪問して写真を撮っていました。

同じアジアへの研究休暇の旅の折、私はニュー・デリーにある全インド医学研究所で講演をすることになっていました。しかし、私たちはネール首相の妹で当時首相の邸宅での女主人役を務めていたマダム・パンディットに招待されました。ニュー・デリーにいるハンス・アルバートの同僚たち、アメリカ人や特に英国人は、私に講演をやめて、言われた時間にマダム・パンディットを訪問するべきだと言いました。しかし、ハンス・アルバートは、「君は外交官の妻ではないから、その儀礼に従うことはないよ。君の第一の義務は仲間の科学者にあるのだから。マダム・パンディットにお断わりして、訪問は次の機会にしてよいか尋ねてごらん。」と言いました。

私は、予定されていた時間に講演をし、翌日マダム・パンディットに会いに行きました。国連総会議長をされ、米国大使もされたマダム・パンディットは、今までに会った人の中で最も教養のある興味深い女性の一人でした。

授業や院生の研究指導のほかに、ハンス・アルバートはたびたび国外での講演を頼まれました。彼は、インドのルーキーでの滞在を特に楽しみ、そこで、インド全土から来られた教授や技術者に高いレベルの講義をしました。この1962年の写真には、ハンス・アルバートがインド電力潅漑省のラオ大臣と一緒に写っています。

ニュー・デリーからアグラに行き、シャー・ジャハーンが愛する妻に建てた白い大理石の霊廟であるタージ・マハールを見学しました。ハンス・アルバートは、風変わりな様式、色彩、採光に魅了され、日の光と月明かりのもとでたくさんの写真を撮影しました。私たちは、カルカッタ大学で教鞭を執るカリフォルニア工科大学の卒業生たちに招待されカルカッタを訪れました。カルカッタでは、裕福な人たちが住む区域と、とてつもなく悲惨な状況の人々が住む区域との格差に、私たちは打ちのめされました。

パキスタンのラホールへ立ち寄った際、ハンス・アルバートは西パキスタン大学で講義をし、私はキング・エドワード医大のファティマ女子医学部でセミナーをしました。ファティマ女子医学部は女性だけの学校でした。私のエスコート役はこの大学の総長の娘で、敬虔なイスラム教徒でした。私が、男性教官の部屋を訪れた際、彼女は外で待っていました。

パキスタンに滞在中、私たちは理不尽で怖い経験をしました。ハンス・アルバートが講義を終え大学を立ち去ろうとした際、一人の男が彼のネクタイをわしづかみにして振り回し、威嚇しながら「お前の父親は、原子爆弾について責任がある。だから今、お前がその償いをすべきだ！」と言いました。

幸いなことに、ハンス・アルバートは教授、エンジニア、学生たちに囲まれていて、彼らがすぐにその男を引き離しました。その後の夕食会で、ハンス・アルバートは、仲間たちに「父の説明によれば、彼の理論は原子爆弾とほんのわずかな間接的関係にあるだけで、特殊相対性理論によれば、質量とエネルギーに関しては等価であるものの、二つは同じ体系の異なる表現になります。」と述べました。

ハンス・アルバートは、アインシュタインの研究とそれに続く原爆開発は、一九三〇年末から一九四〇年初期の当時の時代背景の中で考慮されるべきであると信じていました。アインシュタインは、「私自身を原子エネルギー放出の父であるとは思っていません。私の関与は、全く間接的なものでした。本当のところ、私が生きているときに原子エネルギーが投下されるとは予測だにしませんでした。原子力エネルギーの放出は、理論上可能であるとだけ信じていました。」と言っています（文献7、44頁）。

ライナス・ポーリングの日記によると、一九五四年十一月十一日にアルバート・アインシュタインは、「私の生涯で最も重大な過ちは、原子爆弾がつくれるとルーズベルト大統領に勧める手紙にサインしたことです。でも、少し弁解させてもらうと、ドイツ人が原子爆弾をつくる危険があったからです。」と話をしています（文献3、620頁）。

ハンス・アルバートは、父親の研究が原子爆弾へと繋がり、その結果、広島と長崎の破壊を引き起こしたという告発にしばしば遭遇しました。告発者たちは、あのパキスタンの男性ほど極端ではありませんでしたが、どこへ行っても原爆の悲劇は私たちについてまわりました。

私たちは、パキスタンからフィリピンに飛び、そこでハンス・アルバートは工学学会で講演しました。私は、若くして教授であったロメオ・R・アポストル博士の医学会による追悼式で、彼がジョージタウン大学医学部の神経化学の博士課程でどのようにして私のもとで研究するようになったかを説明しながら、思い出を述べました。アポストル博士はマニラに戻り、フィリピンの医学界で最初の神経化学実験室を設立しました。ロメオ・アポストルは脳腫瘍により三十四歳の若さで亡くなりました。

このアジア旅行の最終地点は東京大学で、ハンス・アルバートは工学部で講演し、私は医学部の解剖学科の教官と話をしました。

一九六五年にハンス・アルバートと私がプラハへ旅行した際、彼が子供のころよく行っていた市街を通りました。私たちは、都市を二分するモルダウ川に沿って散歩し、フラチャニ通りにある大聖堂を訪問しました。彼は、巨大なパイプオルガンの力強い音色を覚えていました。プラハには、さまざまな素晴らしい建築物や美しい古い教会がありました。ハンス・アルバートは、外国旅行に出かけるときはいつも、色々なレンズやカメラの入った大きなバッグを持ち歩きました。彼は、特に、教会内部の写真を撮るのが好きでした。プラハのセント・ジョージ教会は彼にとって最も印象に残るものでした。

また、写真に収めるには大変悲惨な光景もありました。市の最も古いユダヤ教会堂は、ユダヤ教の経典を納める銀の入れ物を収集していました。これらは第二次世界大戦後、プラハに残存したほかの銀でつくられた宗教の装飾品とともに、強制収容所から奇跡的に戻った人たちにより小さなユダヤ人街に持ち込まれたものでした。しかし、ユダヤ教会堂の収集は完全なものではありません。ヒットラーは、ドイツ人がユダヤ人を滅ぼした証しに、破壊したユダヤ教会堂にあるユダヤ教の経典の覆いをすべて集めるよう命令しました。ヒットラーの行為は、ガス処刑室で亡くなった一万四千人の子供たちの名前が刻まれたユダヤ教会堂の壁にも記録されていました。

一九六五年に国際神経化学学会年次講演会が英国オックスフォードで開催され、私はハンス・アルバートと出席しました。この学会のグループはまだ小さく、会議は会員同志がよく知り会う機会を与えてくれました。会議の参加者全員、彼らの夫や妻も学生寮に泊まりました。ハンス・アルバートは、観光のための「婦人プログラム」に参加しました。そのグループの最初の会合で、ハンス・アルバートは何に関心があって参加するのかと聞かれ、彼はあちこちで写真を撮りまくるつもりだと返答していました。

しかし、オックスフォードでの二日目にウォリンフォードの水理研究所所長が差し向けた王室王冠の飾り付きの一台の車が学生寮に現れました。ハンス・アルバートは、ウォリンフォード研究所でその日一日を水理の問題を議論したりセミナーをしたりして過ごすことになりました。

一九六九年に、私たちはブダペストのゲラート・ホテルに泊まりました。私は滞在初日に母が埋葬されている墓地を訪問しました。墓の上の記念塔はこなごなに壊されていました。ナチは生きた人間を殺しただけでなく、死人の遺物まで破壊したかったようです。

一九七一年に、私たちは再びヨーロッパを訪問しました。ハンス・アルバートは、スウェーデンのヨーテボリで、私に一台のボルボ車を買ってくれました。私たちは、その車を運転してブダペストまで行き、そこで私は、神経化学の国際会議に出席しました。ハンス・アルバートは、マルギット島とドナウ川の写真をたくさん撮りました。彼は、ブダペストで聞いたジプシー音楽のにぎやかさとメロディーを楽しんだ様子でした。

一九七〇年にブエノスアイレスにあるＣＩＭＡＥ（Centro de Investigaciones Medicas Albert Einstein：アルバート・アインシュタイン医学研究センター）の創立一周年記念に、ハンス・アルバートと私は招待されました。アルゼンチンの厚生省や文部省の多くの官僚のほかに、ノーベル賞受賞者のバーナード・ウーサイ、ルイス・フェデリコ・ルロワー、後にＣＩＭＡＥの学長になられたエデュアルド・デ・ロベルティスなど何人かの有名な科学者も出席していました。イスラエルのデュロン、そしてアメリカのジョン・ロッジなど、数か国の大使が国の代表として出席していました。

私は大学で講演後、ハンス・アルバートと文部大臣主催のお茶会に行きました。アルゼンチンは政治情勢が安定しておらず、私たちが大臣に送ったお礼の手紙は、「ホストはもうその地位にはいません」との説明付きで返送されてきました。わずか一年でＣＩＭＡＥは基礎科学の各学科を設立し、国際諮問グループを立ち上げました。委員の中には、イスラエルの科学と人文科学アカデミー会長で、最も著名なアーロン・カチャルスキー（カツィール）がいました。彼は、一九七二年にベン・グリオン空港でテロリストに暗殺される前に幾度か私たちが住むバークレーを訪ねてくれました。私たちがアルゼンチンを訪問した一九七〇年以降、政治情勢と反ユダヤのために、ＣＩＭＡＥは多くの職員を失いました。

1971年7月ユーゴスラビア・リューブリヤーナのJ・ステファン物理学研究所におけるハンス・アルバート（ジョージ・クルスティッチ提供）。

アルゼンチン訪問では、ハンス・アルバートは、工科大学工学部で講演をしました。私は彼の講義する部屋の室内装飾と深々としたベルベットの椅子に心奪われ、教授陣の一人に、「エンジニアはどうしてこのような豪華な講義室を持てるのですか?」と尋ねました。彼は、この建物、この部屋はエヴァ・ペロンの本部であったと説明してくれました。彼女は、ここで貧しい人たち(上半身裸の人たち)を救済する議会の議長を務めていたのです。

私たちは、ブエノスアイレスにあるアルバート・アインシュタイン土地住民学校を訪問しました。この小学校は、住民のほとんどが肉体労働者の職人である住区にありました。きらきらと輝く黒い瞳と真剣な眼差しをした子供たちは、私たち二人に大きな喜びを与えてくれました。ハンス・アルバートの父の名前の付いた学校から贈呈品が贈られた後、彼は、教員、学生、来賓の文部大臣に次のように話しかけました:

僭越ではありますが、この素晴らしい学校の名でもあるアルバート・アインシュタインの代理を務めさせて頂きます。私の両親が関係した協会から贈り物を頂き、私は大変感激しています。私は、この学校の創設を可能にした地域社会を見て、大変誇りに思います。私は、ホームレスの人たちへの優遇措置や社会規範の啓発に尽力されている皆さんの国に心からの賛辞を表します。

このアルバート・アインシュタイン学校が、多くの若い世代にとって最も重要な教育を受けられる幸せな場所になることを願うとともに、多くの優れた人々が身分に関係なく育つことを願っています。

ハンス・アルバートは、一九七一年に退官しました。その年の六月にカリフォルニア大学バークレー校で開催されたシンポジウムで彼は表彰されました。このシンポジウムの内容は後に出版され(文献34)、その出版物の序文に、シェ＝ウェン・シェンは「このシンポジウムは、アインシュタイン教授の水工学分野における幾多の価値ある貢献に感謝し、私たちの前任教授として彼に特別な敬意を表するために開催されたのです。」と書いています。ハンス・アルバートが研究論文の講演を終えた後、彼は次のような表現でシンポジウムを締め括りました。

（ここで発表された）さまざまな論文はそれぞれ全く異なったもので、我々の中でも用語…中には大変理論的なもの、すべて実験室で導かれたもの、あるいは、現場から直接出てきたもの…を理解するのに若干難しさを覚えたことでしょう。…私たちは、ほかの分野で使われる用語をいかに理解するか、皆で学ぶよう試みるべきです。…私が長年の実践を通して学んだことは、結果を出すにはこれらの分野の間で皆が協力しあうことが絶対に必要であるということです。理論や実践だけで完璧な解が得られないと同じように、実験室だけで完璧な解答を見い出すのは不可能です。私が、小冊子１０２６を書いたとき、…それでいけるという判断は何もありませんでした。ですから、終りごろに私は、「さあ、でき上がりました。これが、どこの現地に適用できるか試してみてください…」と幾らかほのめかしたのです。私はただ、そのころわかっていたさまざまことすべてをどうにかまとめて、皆が同じユニットになれる何らかの形式に持っていけるシステムを作成しようと試みただけです。ですから、その試みがこの会議で見られ、私は大変満足しており、…これらの試みが最終的には、実際に適用できる解につながっていったのです…そして、将来に大きな期待を持って、我々がこの会議を締めくくり、家に戻って研究をするべきだと存じます（文献34、27・7 - 27・9頁）。

多くの名誉賞がハンス・アルバートに授与されました。一九七一年に彼は教授に授けられる最高位のバークレー賞を授与されました。かなり以前にもアメリカ土木学会の水理学部門の研究賞（一九五八）、アメリカ土木学会J・C・スチーヴンス賞（一九六〇）、そして、グーゲンハイム・フェローシップ（一九五三）を授賞していました。

一九七一年にハンス・アルバートはパリでの国際水理学会で開会の挨拶をしました。同じ年にミネソタ大学のセント・アンソニー水理学研究所で講演をしました。この講演会で、水工学の優れた学位論文に対するローレンツ・G・ストラウブ追悼記念賞が授与贈呈されました。ハンス・アルバート、H・ラウス（訳者注：ハンター・ラウス）、A・G・アンダーソン（訳者注：アルヴィン・G・アンダーソン）がこの賞の選考委員を務めていました。その年の受賞者はガンガドハライアー博士で、インド科学院でまとめた学位論文に対して贈られました（ハンス・アルバートと私は何年もの間、一緒にインドの大学において私たちそれぞれの分野における博士候補者の論文を審査しました）。

ストラウブ賞贈呈式で、出席者の一人がハンス・アルバートに水工学は実際面でどんなことをなし遂げたか質問をしました。ハンス・アルバートは「課題は、大洪水と干ばつをなくし、浸食を減じ、河川の舟運を可能にすることです。… 環境問題の責任は技術者と科学者に委ねられます。科学者は自然の法則を見つけ、エンジニアはそれをいかに応用するかを示し、政治家と市民がそれらの発見をどのように使うかを決めるのです。」と答えました。

一九七二年にハンス・アルバートに、チューリッヒにあるＥＴＨの流体力学と水資源管理研究所において一連の講義をしました。夫がＥＴＨをたびたび訪問した際、連絡を取り合っていたドラコス教授は、後にハンス・アルバートは広い知識、創造性、精神的活力を持った男性であったと表現しています（エリザベス・ロボズ・アインシュタイン宛の手紙、一九七三年二月八日）。また、一九七二年にハンス・アルバートは、シカゴ大学での専門家会議で講演をしました。

一九六〇年代後半から一九七〇年代前半にかけて、アメリカの多くの大学は研究よりも教育を重要視していました。一九七三年のニューヨークにあるアルバート・アインシュタイン医科大学の二十周年記念式典で、ハンス・アルバートは祝賀会での講話を要請されました。彼のスピーチは録音され、その書き写しが後になって私に送られてきました。次に示す小文が、教育の基礎を構成する研究の重要性について、彼の力強い思いを表しています。

ここで私がなぜ、研究が大学の存在意義の尺度になると言及するのか？　どの大学だって教えることが主要な目的ではないのか？　私自身の経験からそれを次のように説明しています。研究は道具であり、それによって新しい知識が見つかり、それがひとつのシステムとして体系づけられて、そのシステムの新しい結論がさまざまな事例に応用できる機会を与えてくれるのです。実験資料を（研究者の経験とそれに基づく）ほかの資料と照らし合わせて体系づける。この手法は研究者にすべての事実を完璧に把握し、共通点を見つけ出し不必要な事項を排除するよう求めるのです。これは、立派な教師にとっては大変重要なことです。この理由から、私は、立派な研究者になることは学生を鼓舞する教師になるための前提条件であると思います。

数々の旅行から、ハンス・アルバートは河川、海洋、港湾の技術的なスライドを撮って家に持ち帰りました。バークレーに戻ってから、彼はそれらを焼き増し、収集した情報に特に興味のある同僚や院生たちにあげていました。

私たちの最後の旅

一九七三年に私たちは、マサチューセッツ州のウッズ・ホールにあるウッズ・ホール海洋学研究所に行きました。そこで、ハンス・アルバートは一週間の学者招待プログラムに参加しました。私は、夫と一緒に休暇を取れる旅を楽しみにしていました。多分、この旅は、私たちの旅行の中ではじめて私にとって何の義務もないものであったと思います。私は浜辺を散歩したり、ボストンから来た友人たちとの時間を楽しみました。

ハンス・アルバートは大変元気そうに見えました。しかし、突然何の前ぶれもなく、最終講義を終えてすぐ、彼は重篤な心臓発作に襲われたのです。

ファルマス病院（訳者注：ファルマスはウッズ・ホールから約八キロメートル北東の町）で彼は、四週間意識不明で寝たきりでした。ウッズ・ホールには病院がありませんでした。私の兄弟のオットーは、ハンス・アルバートが意識不明で横たわっていた間、ワシントンDCからしばしば私を訪ねてくれました。私は、彼が意識を取り戻し、少しでも何が起きたのか理解し、回復しはじめるのを祈りながら昼夜ベッドの傍に付き添いました。長年の友人であるアーサー・イッペンと夫人のルース・イッペンは、毎日のようにボストンから病院に来てくださいました。私たちは、じっと祈って待ちました。しかしながら、一九七三年七月二十六日に、ハンス・アルバートは亡くなりました。享年六十九歳でした。

葬式はウッズ・ホールにある救世主のキリスト教会で行なわれました。私の要請で、ラビのノーバート・ワインバーグ師がマサチューセッツ州のフォール・リバーから来てくださり、葬儀を進めてくださいました。ハンス・アルバートは、彼がこよなく愛した海に近い、ヴァインヤード海峡を見下ろす小さな墓地に埋葬されました。彼の白色の大理石の墓石に「一生を教え子、研究、自然と音楽に捧げた。」と刻まれています。

私の兄弟がウッズ・ホールまで葬式に来て、私をバークレーに連れ帰ってくれました。ハンス・アルバートなしで家に帰るのは、言葉で表現できないほど辛いことでした。

第六章

終　章

ハンス・アルバートの追悼式がカリフォルニア大学バークレー校で行われました。彼の友人であり、ヨット仲間のジョン・オットウェルが弔辞を述べました。後になって私はハンス・アルバートの追悼文を書きました。その文章が一九七六年にアメリカ土木学会の水理学論文集に掲載されたあと、彼の以前の教え子や、友人、そして同僚たちの多くから感動的な手紙を頂きました。

私には夫を失った悲嘆から逃れる道はなく、悲しみに対処する術もなく、研究に没頭する以外は何もありませんでした。もしかすると、彼を愛していたからだけではなく、大変重要で、二人といない彼のことですから、彼について書けば、幾分心が休まるのではと思いました。

私は、脳神経学者として研究報告書、論文、批評などを書いてきましたが、語り手としての経験はありませんでした。でも、ハンス・アルバートの話は語るだけの価値があります。ですから、私は大変時間を要する調査と文通をはじめたのです。私は、彼の子供のころからの級友、ETHの友人、カリフォルニア工科大学とカリフォルニア大学バークレー校の教え子と同僚を捜し出しました。この著作に対する準備が、私の人生に目標を与え、ハンス・アルバートとの思い出をずっと持続させてくれたのです。

私の出した手紙に対して、回想録の執筆に対する激励とともに、ハンス・アルバートの業績を賛える言葉を頂きました。W・L・ウッド教授は「ハンス・アルバート・アインシュタインの開水路流れによる流砂と掃流砂量に関する業績は、現在の学問を発展させるうえでかけがえのないものです。彼の論文はパーデュー大学の海洋科学と工学専攻の大学院生に必須なテキストとして読ませています。」と手紙に書いています。カリフォルニア州立大、デービス校の工学部研究科副学部長のR・B・クローン教授は次のように述べています。

河川、河口、海岸、河床、そして、それらの管理に関する私たちの知識に与えたハンス・アルバートの貢献は素晴らしいものです。彼は未解決の問題を解く特別の技量と知識を持っていました。彼による河川の河床材料と流砂量計算法は際だって包括的で、しかも一般的に応用できる手法です。これは自然の基本理念と数学を工学に応用する彼の力量の高さを示しています。ヨーロッパ、インド、南米、そしてアメリカの諸河川を安定化するため、計画並びに維持管理において彼の果たした貢献は大きかったのです。

ハンス・アルバートはアメリカ合衆国陸軍工兵隊の専門家評議委員会の幾つかの仕事をしました。工兵隊技師のドナルド・ボンデュラントは、困難な問題が生じたとき、ハンス・アルバートは、ほとんど徹夜にもかかわらず喜んで議論をしてくれたと言っていました。ハンス・アルバートは河川力学の理論面に詳しかったのですが、彼は目的に合えば簡潔な解を使うのを好みました。そして聞き手のレベルに合わせて物事を議論できる特別の才能を持っていたとボンデュラントが言っていました。

世界中の友人や同僚から届いた情報や支援が、私にこの本を書き続けるよう励ましてくれました。同じと

アーカンソー川の舟運計画について議論中の（左から右に）ドナルド・ボンデュラント、ハンス・アルバート・アインシュタイン、ヴィトー・ヴァノニ、E・F・ラッツ（米国陸軍工兵隊提供）。

き、私は別の異なった種類の本を書いていました。一九七三年の六月にハンス・アルバートと私がウッズ・ホールに出掛ける前に、私は神経化学の本を書きはじめていました。その本を書き上げるのは、ハンス・アルバートについての本を書くよりずっと易しかったと思います。「健康と病気における脳と脳脊髄流体の蛋白質」と題する私の本は一九八二年に出版され、好評を得ました。

一九七三年に中国で開催された第一回国際水工学者並びに科学者の集いに出席した十二人のアメリカ人の内、四人はハンス・アルバートの教え子でした。ハンス・アルバートはその一年前に中国に招待されていて、彼は友人たちとの再会を楽しみにしていましたが、その旅行の前に亡くなったのです。講演者の一人である、北京の清華大学のチェン教授（ニン・チェン）は、黄河の問題を解決できる人はH・A・アインシュタインだけであったと述べています。河川水理学で世界的に有名なチェンは、一九七三年十月七日付の私宛の手紙で、ハンス・アルバートに対する思いを「彼の指導のもとにバークレーで過ごした七年間は決して忘れることができません。彼を、偉大な教師としてだけでなく、感慨深く、思慮深い、かけがえのない友人の一人として尊敬しています。」と綴っています。チェン教授は、ハンス・アルバートとの共著として企画していた本を後年出版しました。

ハンス・アルバートが亡くなった年にカリフォルニア大学バークレー校は、彼の名誉を讃え、彼の同僚や友人たちの募金と一九七二年に発行された「流砂：ハンス・アルバート・アインシュタイン教授を讃えるシンポジウム」の本の印税をもとに基金を設立しました。この基金は、カリフォルニア大学バークレー校のアインシュタイン記念フェローシップの資金となっています。これは水理学と海岸工学グループの中で傑出した能力を示した大学院生に授与されるものです。

スイスのベルンにあるスイス国立図書館は、一九七四年に「父親とその息子：アルバートとハンス・アルバート・アインシュタイン」と題した展示会を開きました。私は、ハンス・アルバートが発明し今でも大学で使われている実験器具の何枚かの写真と一緒に、彼の生涯の記録を出品しました。

一九七九年にはアインシュタイン生誕百年記念の行事が世界中で催されました。ハンス・アルバート宛てに送られたであろうたくさんの招待状が私のもとに届きました。

私は、ワシントンDCにある国立科学アカデミーの建物の中に置かれた彫刻家ロバート・バークによるアインシュタインの彫像の除幕式典に出席しました。スイス大使館の科学官ローランド・ホフマン博士から百周年記念で鋳造された二つの記念銀メダルを授与されました。この二つは、アインシュタインと人類の宇宙観をすっかり変えた空間と時間における独創的な考え方を表現した彼の功績を示す異なる図柄からなっていました。これらはベルンにあるスイス連邦造幣局により発行され、九〇万枚が流通されないまま保管されています。その中には、私の夫が特に好んだ一枚がありました。ホフマン博士は、記念メダルの販売収入は教育目的に運用されると私に言いましたので、私は、スイス政府が収入の一部をカリフォルニア大学バークレー校のハンス・アルバートの名誉を讃える基金に寄付してくれるようスイス大使に手紙を書きました。スイス政府はこの基金財団に一万ドルを送ってくれました。

百周年記念プログラムはプリンストンとエルサレム市との共同で開催されました。プリンストンの会議ではアインシュタインの科学的思考の展開を扱い、エルサレムのシンポジウムでは、参加者がアインシュタインの哲学理論への影響について議論しました。また、エルサレムにおいては、アインシュタイン生誕記念として、イスラエル国立科学・人文科学アカデミーが運営した一週間の催し物がありました。アカデミーの役員が、アルバート・アインシュタイン広場の落成式でのアインシュタインの名前を刻んだ記念板の除幕のために私を招待してくれました。

南イリノイ大学の哲学者で物理学者であるポール・アーサー・シルプが編集並びに翻訳した、百周年特別本の「アルバート・アインシュタイン：自伝的ノート」に「世界的に有名な名前の価値ある保持者であり保護者であるエリザベス・アインシュタイン様へ―ポール・アーサー・シルプより心を込めて」という心に残る献辞を付けて、私に一冊送ってくれました。

日本の国立防衛大学校は工学部図書館の一画をハンス・アルバートの名を取って命名しました。一九八一年に私は、防衛大学校長とハンス・アルバートの大学院生の一人であった重村博士から、図書館を視察し、教官たちに講演をするために招待されました。重村博士は大学校の教官で、海岸工学を教えていました。大学校は、人里離れた町の走水（訳者注：はしりみず）にありました。その図書館にはハンス・アルバートの論文を集め、彼がバークレー校で教鞭を執っていたときに使っていた手づくりの実験器具の写真も飾ってありました。

日本の国立防衛大学校は、図書館の一画にハンス・アルバート・アインシュタインの名を付けました。1981年、防衛大学校校長の招待で、私はその図書館を訪問しました。

一九八九年にアメリカ土木学会は最初のハンス・アルバート・アインシュタイン賞をカリフォルニア工科大水理学名誉教授でハンス・アルバートの長年の友人で同僚であったヴィトー・A・ヴァノニに授与しました。この賞は、毎年「浸食防止、流砂、そして水路建設の分野の教育、研究、計画、設計、あるいは管理のいずれかにおいて工学の専門で重要な貢献をした」学会員に授与されます。第二回のハンス・アルバート・アインシュタイン賞は一九九〇年にカリフォルニア大学バークレー校土木工学科教授のシェ＝ウェン・シェンに授与されました。

私は大人になってからは、自分の研究に満足していました。私の最初の論文、トリプトファン代謝とピリドキシンの関係を確立した研究は、著しい展開を遂げました。私の研究の大部分は、神経を被う鞘、髄鞘、そして、特に脳の発達に伴って増加する髄鞘の基本的な蛋白質に焦点をあてたものでした。その同じ蛋白質を実験動物に注入すると、発作や人を不具にする多発性硬化症に類似した兆候をもたらすのです。動物の病気であるアレルギー性脳脊髄炎と人間の多発性硬化症との相似性については、今なお論争中です。私のもう一つの先駆的な研究は、脳脊髄液に含まれる免疫グロブリンを見つける、幾つかの手法の開発でした。これらの手法とともにもっと高度な手法が多発性硬化症の診断に日常的に使われています。

私の研究は、期待どおりに役立っていると思います。一九七八年に私の生涯の研究が認められて、神経化学学会の同僚たちが、ワシントンＤＣで夕食会を開いてくれました。それにはアメリカとヨーロッパから大勢の神経化学者が出席してくれました。一九八四年には、私のために神経化学研究論文集の特別版が出版されました。そして、一九八二年には、カリフォルニア大学は神経化学と人間の進化に関する「卓越した博士号候補者」のために「エリザベス・ロボズ・アインシュタイン奨学基金」が設立されました。

私は、幸いにも、愛情のある結婚という最高の喜びを持つことができました。ある結婚は、夫婦がよく似ているから長続きするのです。またある結婚は、夫婦の人柄と人生経験がおのおの異なることで成功するのです。私たちの結婚は後者に属しました。ハンス・アルバートと私は、どちらかと言えば似ていなかったのですが、二人とも大変幸せでした。

私の夫は、両親の離婚や弟の病気で、恵まれない幼少時代を送りましたが、落ち着きのある活力に満ちた男性でした。ハンス・アルバートは、誰しもができることをしっかりやり、冒険的な企てに創造性を加味するのがよいと信じていました。彼は、生涯、自身の運命を自由に使うことのできる人であり続けました。後年になって、彼は現役時代に習得した知識を分かち合うことに満足を見い出していました。今や教授や工学研究者になって世界中に住む彼の教え子たちは皆、彼の学識と名声から恩恵を受けるとともに、ずっと彼の忠実な友人であり続けたのです。

夫を亡くした痛みは時が経つにつれて癒されるとよく言われます。これは、私にとっては真実ではありません。ある意味、時が経つにつれて痛みは鋭くなっていきました。未だに「私たちの家」を「自分の家」と言うことに慣れていません。何年もの間、カリフォルニア大学バークレー校の人類進化研究所の自分のオフィスで研究を続けましたが、いつも誰もが帰ってしまう夜遅くまでそこにいました。すると、誰かがドアをコンコンと叩いて、「エリザベス、家に帰りなさいよ」と言っているように感じましたが、ハンス・アルバートがいなければ私たちの家さえ、自分の家とは思えませんでした。

ハンス・アルバートの好みの場所は、小さい庭でした。彼は、華やかな色のついたパラソルの下にある白色のテーブルに座り、音楽が聞こえるように居間のドアを開けて、読書をするか仕事をしていたものです。時には、そこで食事も一緒にしました。その記憶があまりにも鮮明過ぎて、何年経っても自分はそのテーブルに座って、読書したり食事したりすることができません。今でも音楽が微かに聞こえてくるのです。

付録 A

ミレヴァ・アインシュタイン＝マリッチ

ジョージ・クルスティッチ 著

ハンス・アルバート・アインシュタインが亡くなる二年前の一九七一年に、私たちはユーゴスラビアの物理学者で理学修士と経営管理学修士であるジョージ・クルスティッチを訪問しました。それから十一年経って、私は、クルスティッチに、執筆しているハンス・アルバートの生涯についての本の、ミレヴァ・アインシュタイン＝マリッチに関する章の執筆を依頼しました。クルスティッチはマリッチの一生を三十年以上にわたって研究しており、マリッチについて、セルビア語で幾つかの論文を発表していました。クルスティッチから頂いた全文を以下に載せておきます。

一九七一年七月にハンス・アルバート・アインシュタインは、ユーゴスラビアのリュブリャナにあるJ・ステファン物理学研究所の私を訪ねて来ました。私たちは、彼の母親のマリッチ（通称ミツァ）についていろいろな話をし、私が、彼女の生涯や夫との関係を理解する手伝いをしてくれました。ハンス・アルバート

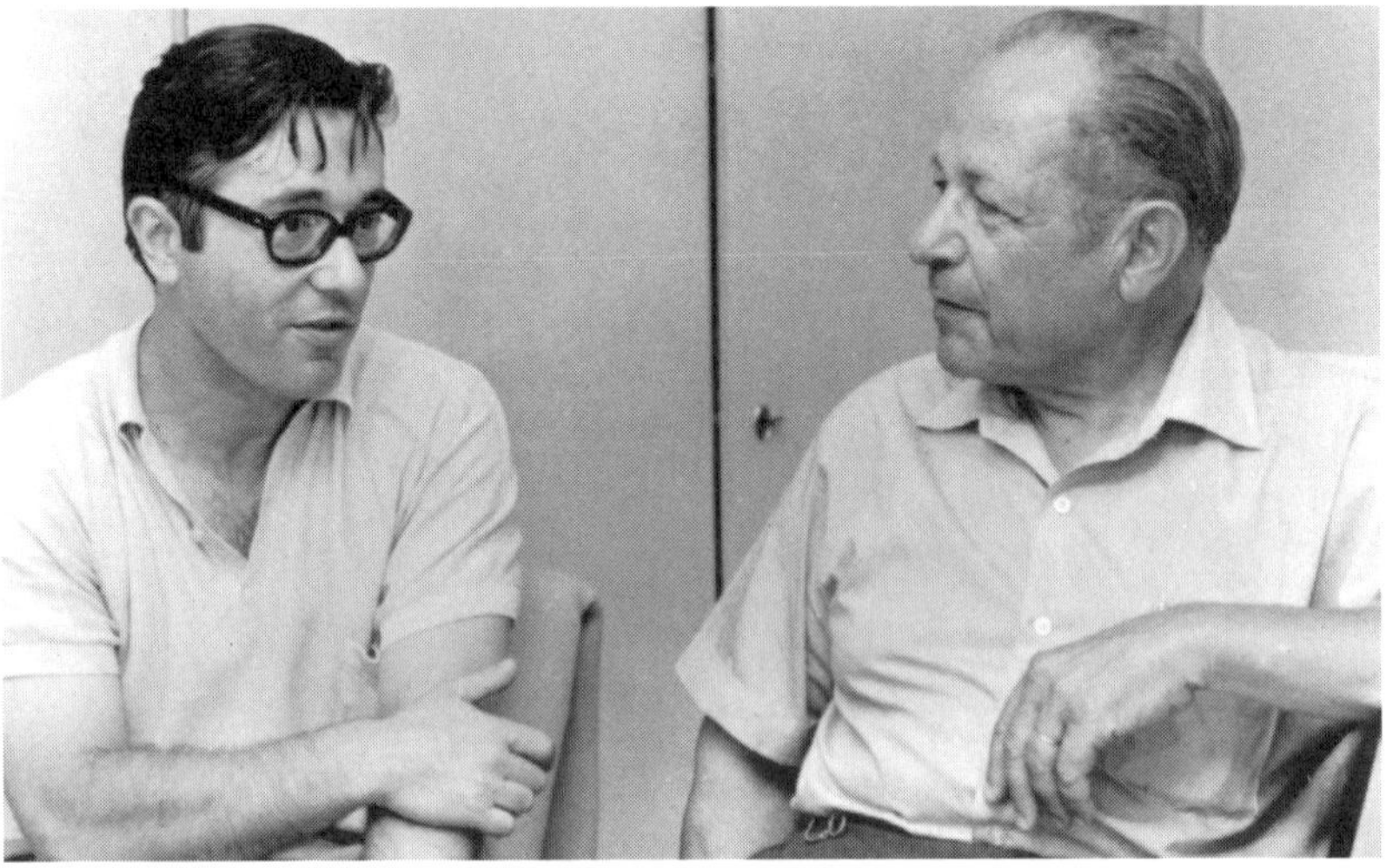

1971年7月、ユーゴスラビアのリュブリャナにあるJ・ステファン物理学研究所にてジョージ・クルスティッチと一緒のハンス・アルバート（ジョージ・クルスティッチ提供）。

は、母親がマリー・キュリーとともに、最初の女性物理学者の一人であったという私の意見に快く同意してくれたようでした。マリー・キュリーが放射線物理学と放射線化学の世界の扉を開けたのとほぼ同じ時期に、ミレヴァ・アインシュタインは今日我々が近代物理学と呼ぶ量子と相対性の神秘を果敢に探究しはじめました。

一九五三年に私は、ミレヴァ・アインシュタイン＝マリッチに関心を持ちはじめ、その後ずっと何年にもわたり、彼女の情報を集めてきました。ハンス・アルバートは、私が収集した資料、特に写真を興味深く眺めていました。これらの幾つかは、彼がはじめて見る写真でした。と言うのは、ミレヴァの所持品の多くは、彼女が一九四八年に亡くなった後、あちこちに分散してしまっていたからです。この訪問の際、ハンス・アルバートは、「私がお願いしたいのは、母の生涯が事実に基づき公表されることです。その仕事を遂行することは、あなたにとって難しくないと思っています。」と私に言いました（文献22）。彼は、またミレヴァの生誕百年記念にあたる

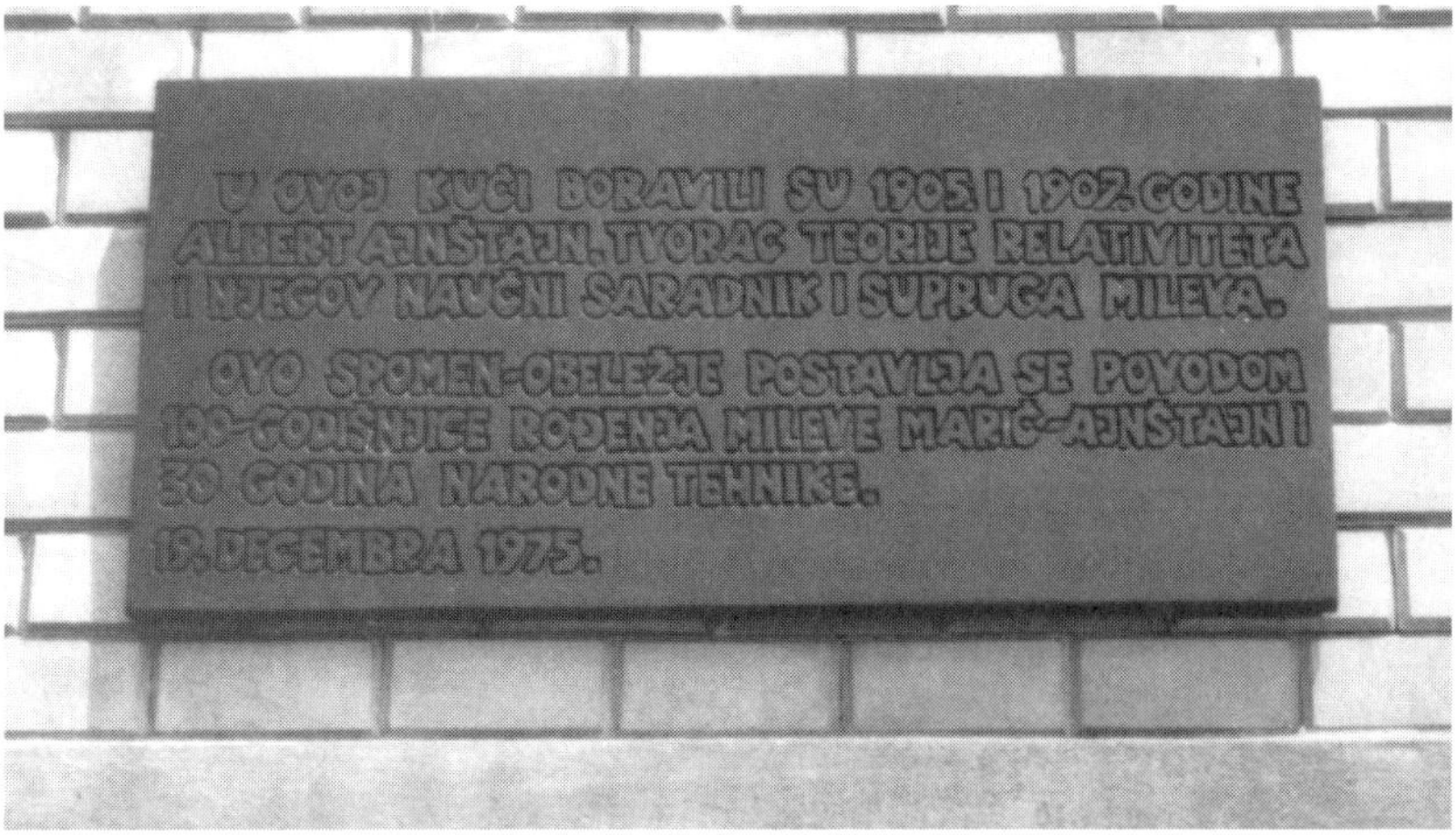

ハンス・アルバートの希望でノーヴィ・サードのマリッチ家に掛けられたミレヴァ生誕百年記念の銘板（ジョージ・クルスティッチ提供）。

一九七五年に、キシャツカ通り二十番地にあるマリッチの家に、記念碑を建ててくれるよう要請しました。記念碑は、一九七五年にその場所に建てられましたが、ハンス・アルバートの思いがけない死により、彼が予定していた出席は実現しませんでした。

ミレヴァの背景

一九七〇年十一月五日付の私への手紙で、ハンス・アルバートは母方の祖父母について、「覚えているのは、祖父は優しかったけれど、何だかまじめすぎて、頼れる人なのか怖い人なのかわかりませんでした。祖母は、おとなしい、優しい人でしたが、いつも忙しくしていました。」と述べています。

ミレヴァの両親は、ともに一八四六年に生まれました。母親のメリーは、ヴォイヴォディナ県、今はユーゴスラビアですが、当時はオーストリア＝ハンガリー帝国に属した、チサ川沿いの小さな町チテルに住んでおり、セルビアの裕福なルジッチ家の娘でした。ミレヴァの父親のミロス・マリッチは、同じくヴォイヴォディナ県のノーヴィ・サード近郊にあるドナウ川沿いの美しい町で生まれました。ミロスは十六歳の若さで陸軍士官学校に入学し、チテルにて十三年間現役軍人を務めました。一八六七年十月にメリー・ルジィチと結婚しました。

ミレヴァは一八七五年十二月十九日に、ヴォイヴォディナ県のチテルで生まれました。彼女の妹のゾーラは一八八三年に生まれ、弟のミロス二世は一八八五年に生まれました。ミレヴァが生まれてわずか一か月で、ミロスは退役しました。それから十四年間、家族はヴォイヴォディナのルーマに住み、ミロスはそこで郡裁判所の書記を務めました。ミレヴァは、ルーマで小学校教育の四年間を終えました。

第一次世界大戦が勃発したとき、若きミロス二世は、すでにハンガリーで尊敬される微細組織学者になっており、オーストリア＝ハンガリー帝国の医務官でした。彼は、ロシアで捕虜になり、二度と帰って来ることはありませんでした。弟が亡くなったことは、ミレヴァにとって大変な痛みとなりました。

ミレヴァは、若い学生のときは内気でした。多分、先天的な左の腰骨の脱臼が彼女の内向性に関わっていたのでしょう。彼女は、聡明で、かつ勉強好きでいつも優秀な学生でした。一九六一年の七月にミレヴァの学友のイェリーサヴェータ・バラコに聞いた話によると、級友たちは彼女を「女性の聖者」（文献21）と呼んでいたそうです。ミレヴァの最高の評点は、数学と物理学でした。学校には、純粋科学に対する彼女の関心を鼓舞し、育てるよく整備された物理学と化学の実験室がありました。彼女は、一八九〇年にルーマ（訳者注：今のセルビア）に近いスレムスカ・ミトロヴィツァでグラマー・スクールを終了しました。その直後、彼女の父親は、ザーグレブ（当時、アグラムと呼ばれていました）の高等裁判所に異動しました。

ミロスは、娘をロイヤル・クラシック高校に入学させるよう、ザーグレブの教育庁に頼みました。そして、彼女がグラマー・スクールでギリシャ語を勉強していなかったので、「ギリシャ語を先々採らなくてもよい」というお墨つきをもらえるよう願い出ました。ミレヴァは在籍を許可されましたが、ギリシャ語は勉強するよう命じられました。彼女は、入学試験を突破し、一八九二―一八九三年度に高校の一年生（学校十年目

─第六等級のクラス）に入学しました。彼女は、一生懸命勉強して、ギリシャ語を含めて素晴らしい成績を修めました。

ザーグレブのロイヤル・クラシック高校には、広範な物理学教育のための機器が集められていました（第一次世界大戦後、これらの器具や、それらを保有していた建物がザーグレブ大学の医学部の所有物となりました）。ミレヴァは、物理学の授業に出席できるよう許可を求めました─その当時、男子だけが物理学を受講できたのです。彼女の学級主任と数学と物理学の先生の推薦で、学校当局は彼女の要請を受け入れました。

ザーグレブ市の歴史公文書の書類番号72／１８９４には「ロイヤル・クラシック高校（第七等級クラス）の民間学生であるミレヴァ・マリッチの要請に基づき、王室政府の宗教─教育局は、ここに、ミレヴァ・マリッチが、正式に物理学の講義に出席することを認めます。」と記されています（文献23）。そして、ミレヴァ・マリッチはオーストリア＝ハンガリー帝国で、同輩男子と一緒に高校のクラスに同席できた最初の女子学生の一人となりました。彼女は、病気のため一八九四年の九月の初旬まで、最終試験を受けられませんでした。でも、彼女は、数学と物理学で最高の成績を修めました。

ミレヴァは、スイスで勉強を続ける決心をしました。そこでは、女子も普通の学生として大学に通う機会を与えられていました。ミレヴァは、一八九五年にチューリッヒの師範学校に入学しました─その年に、彼女の父は、ノーヴィ・サードの近くにある農場と「スピーレ」と呼ばれる快適な別荘を相続し、そこで退職しました。チューリッヒでの最初の年に、ミレヴァは、教育よりも物理科学に興味があることを自覚し、一八九六年の期末試験の後、ＥＴＨで数学と物理学を学ぶため応募しました。

ＥＴＨでアインシュタインとともに

ミレヴァ・マリッチとアルバート・アインシュタインは、一八九六年十月からＥＴＨで数学と物理学の勉強を一緒にはじめました。彼らが、恋に落ちたのは、この最初の年でした。物理学に一身を捧げ、勇敢にも、その分野で生涯の仕事を見出そうともくろみながらも、自分が体験している新しい感情に怯えていました。そして、一八九七年の十月五日に、ＥＴＨを去りハイデルベルク大学に行きました。そこでの彼女の物理学の教授は、一九〇五年のノーベル賞受賞者のＰ・レナード（訳者注：フィリップ・レナード［一八六二―一九四七］）でした。しかし、彼女の心にアインシュタインが深く刻まれていました。彼を忘れることができず、彼女は翌年二月にチューリッヒに戻りました。その年の春に、二人は実験物理学のクラスを受講しました。アインシュタインは、チューリッヒスバーグのプラッテン通り五十番地にあるエンゲルブレヒト家所有の寄宿舎の四階にあるミレヴァの小さい部屋を毎日訪ねました。二人は、しばしば散歩に出掛け、時折、コンサートにも行きました。二人は、授業や実習で一緒になり、また、偉大な理論物理学者や哲学者の著作物を一行ずつ解析、分析しながら勉強しました。

ミレヴァの三人の親友が、同じ寄宿舎に住んでいました―セルビアのクルセヴァッツ出身で心理学専攻のミラナ・ボータ、ウィーン出身のヘレナ・カウフラー、セルビアのサバッツ出身のルージャ・ドラズィッです。ミラナは一八九八年二月二十四日付の両親宛ての手紙で、ミレヴァを「大変よい子ですが、あまりに真面目でおだやかで、彼女が本当にどれだけ賢いのかは、ほとんどわかりません。」と表現していました。もう一人の友人は、セルビア出身のミリヴォエ・サヴィッツで、後になって、ヘレナ・カウフラーと結婚した化学専攻の学生でした。

学期の最初の三つのセミナーでは、数学の三分野で、ドイツ語とフランス語で並列講義が行なわれました。これらのセミナーは、世界的に有名な二人の数学者：ミレヴァとアインシュタインと同じ学科の仲間のルイス・コルロスによれば、数の理論に貢献し、講義が「明瞭さと厳密さにおいて絶品」と評された、数学者のアドルフ・フルヴィッツ（一八五九―一九一九）と、講義が「理解が困難である」と評されたヘルマン・

ミンコウスキー（一八六四―一九〇九）によって行なわれました。ミンコウスキーとアインシュタインは、親しい友達にはなれませんでしたが、ミンコウスキーの四次元の空間―時間幾何学の定式化は、アインシュタインの相対性理論の初期の表現の数学的基礎となりました。

ミレヴァとアインシュタインは、およそ十年後にフルヴィッツの家をしばしば訪問しました。そこで、アインシュタインがヴァイオリンを弾き、ミレヴァがピアノを伴奏し、コンサートを開きました。アインシュタインの人と容易に打ち解け、快活な気質は誰からも歓迎されました。フルヴィッツの長女のリスベスは、ミレヴァの親友となり、四十年以上も付き合いました。彼女は、その間ずっと日記をつけており、アインシュタイン一家、特にミレヴァについて、興味深い詳細な記述をしております。

その当時、ＥＴＨにおける理論物理学の授業の質は、数学と実験物理学の授業の質ほど高くはありませんでした。ミレヴァとアインシュタインは、特に、電磁波のジェームズ・マックスウェル理論に興味がありました。アインシュタインの自叙伝（文献４）では、理論物理学をミレヴァと勉強したと述べ、学生として、マックスウェル理論に最も魅了されたと説明しています。

アインシュタインは、一九〇〇年にＥＴＨから学位をもらいましたが、正社員の職は見つけられず、一方ミレヴァは学位をもらえませんでした。卒業生は助手として勉強を続け、最終的に博士号を取得するのが習わしでした。ミレヴァは、学位がありませんでしたが、フリードリッヒ・ウエーバー教授の実験室で研究をするように言われました。ＥＴＨの彼女の記録には、一九〇一年の夏の学期に、実験的研究をした証拠が優秀な評点とともに残っています。アインシュタインは、ウエーバー教授の助手になることを望んでいましたが断わられました。ミレヴァは、ウエーバー教授にアインシュタインを助手にするよう説得を試みましたが、教授は受け入れませんでした。

一九〇一年の夏に、ミレヴァは、ノーヴィ・サードから、ベオグラードにいる友達のヘレナ・カウフラーに「自分は、ウエーバー教授と既に二、三回言い争いをしました。しかし、もう、そういうことに慣れっこになってしまいました。彼のせいで自分は大変苦しみました。もう彼のもとには二度と行きたくありません。自分は、もう博士論文を諦めました…近いうちに、スイスに職探しに出掛けるつもりです。自分たちは、どんな宿命を担っているのか、いまだにわかりません。」と手紙に書きました。

物理実験室でアインシュタインと一緒に研究ができる可能性がなくなったその決定的な瞬間に、ミレヴァは学位を目指す勉学を諦める決意をしました。彼女にとってアインシュタインと物理学は、同等に重要なものを意味しました。彼女は、ウエーバー教授の支えがなくても、どんな自己犠牲が必要となろうとも、二人で自分たちのアイデアを発展させることができると信じていました。これは、彼女の生涯と愛についての秘密事でした。彼女の運命、理想と大志は、アインシュタインと直接的につながっていたのです。

彼らにとって、それは大変つらい年月でした。二人とも、正職はなく、両方の両親は二人の関係に反対でした。アインシュタインがシャフハウゼンで臨時職を失った一九〇二年に、ミレヴァはベオグラードにいるヘレナ・カウフラー・サヴィッツに、自分たちの職探しについて、「私たちは、以前と変らず、ちゃんと暮らし、研究をしています。」と手紙に述べています。この短い表現から、二人がどれほどお互いを、そして物理学を愛していたかがわかります。

アインシュタインは、正社員の職が一年半以上も見付からず、ＥＴＨの友人で数学者のマルセル・グロスマンに手紙で助けを乞いました。マルセルは、彼の父親に頼み、彼の父親は、当時ベルンでスイス特許庁長官をしていた旧友に、若いアインシュタインを推薦する手紙を書きました。一九〇二年に、アインシュタインは、ベルンで三種特許審査官として働きはじめました。

ミレヴァもまた、明らかに、ほかの問題に頭を悩ましていました。ピーター・マッケルマアは、当時の彼女の気持ちを次のように非常に印象深く書き記しています。

友人たちは、ミレヴァの態度が変わったのに気づき、二人は破局するかもしれないと思いました。二人の間に何かが起こっていました。でも、ミレヴァは、ただそれは、「大変、個人的なことなの。」とだけ言っています。何であろうとも、彼女はくよくよ悩み、アインシュタインに何らか責任があるようにみえました。友達は、その問題について打ち明けてくれるように言いました。彼女は、あまりにも私的なことだから、生涯秘密にしておきたいと言い張りました—これは、未だに謎に包まれたアインシュタインの話の重要な部分なのですが（文献26、42頁）。

結婚

ミレヴァは、何か問題を抱えていたにもかかわらずアインシュタインと結婚しました。彼女は、自分の愛情が十分強靭で、うまくやっていけることをわかっていました。彼女は、このことが、彼らの生涯の陰の部分となるとは思ってもいませんでした。

結婚式は、一九〇二年一月六日（ギリシャ正教のクリスマス・イヴにあたる）にベルンの郡市役所にて簡素に行なわれました。二人の親友である、コンラード・ハビシュトとモリース・ソロヴィーンが連署人でした。アインシュタインの父親は、先年の十月に亡くなっていました。彼の母親は、結婚を決して認めませんでした。多分ミレヴァがユダヤ人でなかったからでしょう。宗教の違い、ギリシャ正教のマリッチ家が結婚に反対したこともひとつの要因にあるのでしょう。私は、この件についてミレヴァの名づけ母親のシーダ・ガインに一九五五年の五月と一九六一年の夏の二度話をしました。ミレヴァは、名づけ母親と名づけ父親（デューカ、シーダの夫）と一生涯手紙をやり取りしました。

ミレヴァとアインシュタインはベルンのクラム街四十九番地に楽しい家庭をつくりました。彼らは、自然科学、数学、そして哲学の知識を深めることに関心のある友人たちを歓迎しました。この交わりでは、本

ベルンのミレヴァとハンス・アルバート（ジョージ・クルスティッチ提供）。

を読んだり有名な著者の科学作品を論評したりしました。アインシュタイン、コンラード、そしてモリースは定期的に集まり、自分たちをオリンピア・アカデミーと呼んでいました。そのアカデミーが存在した三年間に習得した哲学の教えは、後になって、特にアインシュタインが科学の哲学について著作したときに大変役立ちました。

一九〇四年五月十四日に、ハンス・アルバートが生まれました。孫が生まれてから、ミレヴァの両親は彼らの結婚を認めました。ミロスは、孫に会うために、また、義理の息子へそれまで見合わせていた持参金—一千万オーストリア＝ハンガリー・クラウン（当時、約二万五千ドル相当）の銀行通帳を手渡すためにベルンへ行きました。

アインシュタインは、ミレヴァの同意を得てお金を受け取るのを拒みました。ミロスは、家族や友達にアインシュタインが持参金を拒んだ際の義理の息子の態度や言い方を語るとき、涙を流しました。アインシュタインは、お金のためにミツァと結婚したのでなく、彼女を愛していたからだと言っていました。一九二九年のミシャ・スレテノヴィッチの取材訪問の際、ミレヴァは、アインシュタインが彼女は研究のインスピレーションであり、人生の間違いからだけでなく、科学研究の間違いからも守ってくれる守護天使であると思っていたと明言しました。この異常なほどの意思表示は、よく記憶に残っています。その後は、ずっと、アインシュタインは「私たちの義理の息子」と呼ばれ、ノーヴィ・サードでは愛すべき人気者でした。

ハンス・アルバートが生まれた後は、夫婦は以前に増して、一所懸命働きました。アインシュタインは、ベルンの街路で父として誇らし気に乳母車を押していました。彼が特許庁で働いているとき、ミレヴァは、育児と家事をこなしながら自宅で研究をしました。街に静寂が訪れる夜には、この若い夫婦はテーブルを囲み、灯油ランタンの光のもとで、物理学の問題について研究をしました。この家庭の雰囲気—お互いの愛情、理解、そして、調和が醸し出すもの—が、この時期のアインシュタインの驚くべき著作活動に貢献したことは間違い

1904年アインシュタインとミレヴァ。第一子ハンス・アルバートとともに。アインシュタインは物理学の問題を探求しながら、ベルンの街で乳母車を押していたと伝えられています。

ないでしょう。

一九〇五年の六月末に、アインシュタインは相対性理論に関する主要論文、Zur Elektro-Dynamik bewegter Körper（運動物体の電動力学について）を提出しました。この特別相対性の初期論文はアナーレン・デア・フィジーク（Annalen der Physik, 17, pp.891-921）に掲載されました。

この重要な論文を仕上げたとき、アインシュタインは疲れていました。彼とミレヴァは、ヴォイヴォディナで休暇を取ることを決めました。彼らは、休暇のほとんどをスピーレでゆったりと過ごしました。ミレヴァの親戚のザルコ・マリッチは、アインシュタインから農場生活の詳細について質問されたと、私に話してくれました。夫婦は、物理学の議論を続けました。特に相対性理論のエネルギーに関する問題についてでした。私はこの議論が、フォーシー（訳者注：アイリーサ・フォーシー）（文献15、30頁）が著者で述べたようなものであったとは、信じていません。

アインシュタインは、前に進み続けました。

ある日、彼は、ミレヴァに「質量とエネルギーが、別々でなく、お互いに結びついてるって思ったことある?」って尋ねました。

「私にはふたつが同じものとは到底思えないわ。」とミレヴァは、反論しました。「質量は、まあ、椅子に気だるく座ってる太った男のようなもので、エネルギーは張り切った、生き生きした男でしょう。」

「確かに、質量は不活発に見え、エネルギーは活発に見えるね。」とアインシュタインは同意しましたが、「でも、自分たちに質量と感じられるものは、本当のところエネルギーの複合したものだと私は思うんだがね。」と言いました。

アインシュタインは、まだあまり名前を知られていませんでした。しかし、ミレヴァは父親や、ノーヴィ・サードの市長バーラ博士と結婚した親友のデサーナ・タパヴィッァを訪問したときに「ノーヴィ・サードにくる直前に、私たちは、夫を世界的に有名にする重要な研究を仕上げたのよ！」と告げました（個人への聴き取り、シーダ・ガイン［一九五五］、ザルコ・マリッチ［一九六一］）。

夫婦がベルンに戻った後、アインシュタインは、コンラード・ハビシュトにノーヴィ・サードで考え出した魅力的な着想について手紙に書きました。一九〇五年の九月に、質量とエネルギーとの関係—今日、$E=mc^2$として世界で知られている—についての短い論文がアナーレン・デア・フィジーク（Annalen der Physik）に投稿されました。わずか三頁のこの論文は、科学史上、最も輝かしい論文のひとつです。

若い一家は、ＥＴＨの学生時代の友人たちを訪ねてベオグラードに行きました。ブーヨーとあだ名をつけられた小さなハンス・アルバートは、注目の的でした。一九〇六年のはじめのころにヘレナ・サヴィッツに宛てた手紙でミレヴァは次のように述べています。

私たちの子供は、本当に面白い男の子なのです。彼のおふざけには、真面目にしようと思っても、ついクスクス笑っちゃうのです。はっきりわからないけど、人格がもう出はじめているようです。突然、彼は全く別人のように見えます。何事も、自分自身で考え、全く信じがたい質問をするのです。多分、お宅の子供たちもそうじゃなかったのではないですか。… 彼は、本当のところ、小さな男性に見えます。私の夫は、しばしば子供と遊んだりして、暇な時間をすべて家庭で使ってくれます。でも、ちょっと言っておきたいのですが、育児と仕事をするだけでなく、彼は大変多くの科学論文も書いています。… 時々、小さなアパートで座っていると、チューリッヒのあの寄宿舎にいたころの最も素晴らしい日々を送っているような気がするのです。

アインシュタインは、この手紙の最後に「ミツァがこんな心温まる手紙を書いたので、私が何を書いたって、水で薄められるんじゃないかと怖くなっちゃいます。」と付け加えています。

ポール・ハビシュト（コンラードの弟）と一緒に、ミレヴァとアインシュタインは一九〇七年に微量電圧を計測する器具を開発しました（文献31、97・98頁）。彼らは、これをベルンのスイス特許庁にアインシュタイン＝ハビシュトの名で登録しました（特許番号３５６９３）。

一九〇九年の五月に、アインシュタインは学生時代からの友人であるフリードリッヒ・アートラー博士の推薦で、チューリッヒ大学理論物理学科の教授となりました。一九〇九年九月三日にミレヴァはベルンからベオグラードにいるヘレナ・サヴィッツにドイツ語でアインシュタインについて手紙を書きました。「私の夫は、今、ザルツブルクのドイツ自然科学者会議に出席していて、そこで講義をします。彼は、今や、ドイツ系の最も傑出した物理学者の仲間入りをしました。彼が本当に価値ある成功を収め、私は大変幸せに思います。」

その秋に、アインシュタイン一家はベルンからチューリッヒのモーソン街十二番地にあるアパートの二階に移りました。翌年はじめ、ミレヴァはベオグラードにいるヘレナ・サヴィッツに、アインシュタインの大学での講義の評判の高さについて手紙を書き、「私はそれらの講義を聞く機会を決して逃しません。」と付け加えています。

一九一〇年の夏、ハンス・アルバートに弟エデュアルドができました。母親は大変忙しくなりました。家事を終え子供たちが眠りにつくと、ミレヴァは夫とともに夜遅くまで仕事をしました。最初の相対性理論の研究者の一人であるザーグレブ出身のヴラディミール・ヴァリチァク博士の息子の、スヴェトザール・ヴァリチァクは、チューリッヒのアインシュタイン一家と同じアパートに住んでいました。（アインシュタインは、シンポジウムで、ヴァリチァク博士に個人的に会って、息子がチューリッヒで勉学中、アインシュタイン一家と一緒に暮らすことができるか尋ねられました）。何年も後になって、スヴェトザールは、アインシュタイン夫人に深く同情して家事を手伝ってあげたと、自分の娘に語っていました。

時折、ミレヴァ、アインシュタイン、フリードリッヒ・アートラーが一緒に静かな雰囲気で仕事をする必要があるとき、アインシュタイン夫婦は、二人の息子の世話をカティヤ・アートラーに任せました（カティヤ、フリードリッヒ、そして娘のアニカは、そのころアインシュタイン一家と同じ建物に住んでいました）。ミレヴァとアインシュタインは、ブーヨーと呼んでいたハンス・アルバートと、テテと呼んでいたエデュアルドを一生懸命育てました。ハンス・アルバートは賢い整った容姿の少年になっていました。彼らはハンス・アルバートをダンス教室に入れたり一緒に遊んだりして、彼の成長を喜びました。毎週、アインシュタイン一家はコンサートを行うために、フルヴィッツ家を訪ねました。一九一一年の二月に、夫婦は有名な物理学者のヘンドリック・ローレンツをオランダのライデンに訪ねました。これらが、この二人の本当に仲のよい最後の日々となりました。

結婚生活の破局

一九一一年には、アルバート・アインシュタインは有名な物理学者になっていました。しかしながら、彼は家庭生活やミレヴァと物理学の問題点を議論することから徐々に離れはじめていました。彼は大学で講義したり、議論したり、研究をしたりすることに大半の時間を費やしました。

特に、実りが多かった共同研究は、一九一三年のマルセル・グロスマンとの重力の問題についてでした。ミレヴァは、子供たちのことで手一杯でほとんど家にいました。息子たちの世話に掛かりきりになるにつれて、物理学への積極的な取り組みは次第に減っていくようになりました。

ハンス・アルバートは逞しく、健康で、かつ陽気でしたが、エデュアルドは病気がちでした。家族がプラハに住んでいる間（一九一一―一九一二）、幼いエデュアルドは、病気ばかりしていました。そして、アインシュタインの健康もすぐれませんでした。アインシュタインとミレヴァの間に緊張が蓄積されるようになりました。彼女は最初からプラハに行きたくなかったのです。彼らはアインシュタインが研究しているETHのあるチューリッヒに戻ることを、待ちきれなくなっていました。

アインシュタインはチューリッヒの工科大学で三学期間授業を担当しました。一九一二―一九一三年度の冬には、彼は解析力学と熱力学、一九一三年の夏には、一般力学と熱の動力学的理論を教えました。そして、一九一三―一九一四年度の冬に、電磁気学と幾何光学を講義しました。毎週行われる彼の物理学セミナーは、若い物理学者たちが新しい考えや発見について議論をすることができ、特に人気がありました。

一九一三年三月十二日付の手紙で、ミレヴァはヘレナ・サヴィッツに「私の大切なアルバートは、今や大変有名な物理学者で、世界の物理界で尊敬されています。…アルバートは完全に物理学に没頭し、家族に割く時間など全くないように私には思えます。」と書いています。

チューリッヒでは、アインシュタイン一家は、古い友達との交流を再開しました。彼らは、近辺の森や山を散策するのを楽しみました。一九一三年の夏に、彼らはアルプスでマリー・キュリー（訳者注：ポーランド生まれのフランス人科学者［一八六七―一九三四］でノーベル物理学賞を一九〇三年、そしてノーベル化学賞を一九一一年に受賞）と彼女の二人の娘のエヴ（訳者注：フランス系アメリカ人でジャーナリストかつピアニスト［一九〇四―二〇〇七］として活躍し、夫のヘンリー・リチャードソン・ラボイースはノーベル平和賞を一九六五年に受賞）とイーレン（訳者注：フランス人科学者［一八九七―一九五六］でノーベル化学賞を夫のフレデリック・ジョリオット・キュリーと一九三五年に共同受賞）とともに二週間過ごしました。ミレヴァは、三歳のエデュアルドが再び病気になったため、アインシュタインより数日遅れて到着しました。ミレヴァとマリー・キュリーは、科学と自分たちの子供たちについて話をしました―ハンス・アルバートとエヴはそのときともに九歳でした。

その同じ年の九月に、ミレヴァと息子たちはノーヴィ・サードの両親に最後の訪問をしました。一九七〇年十一月五日付の私宛の手紙で、ハンス・アルバートはその訪問を覚えており、こう述べています。

そこに滞在中、私は中耳が腫れて随分痛みました。丁度そのとき、激しい雷雨があり、街路のすべての側溝が水であふれていました。ほかの子供たちは皆、水遊びをして歩き回っているのに、私は耳のせいで、その楽しみには参加させてもらえませんでした─言うまでもなく、中庭の噴水、猫やニワトリ、そして、裏庭の野菜や果物に大変感銘を受けました。その訪問で、私と弟の二人とも、地元の教会でギリシャ・カトリック教会の洗礼を受けたこと、教会での素晴らしい合唱のことを覚えています。

ハンス・アルバートの手紙への私の返事（一九七〇年十一月十七日）

お手紙では、あなたと弟がノーヴィ・サードを最後に訪問した際に、洗礼を受けたと書いています。それは一九一三年の九月二十一日のことで、地元の聖ニコラス・セルビア・ギリシャ・カトリック教会でのことです。一九六一年の夏に、私は、その儀式を行った牧師と話をしましたが、三歳だった弟のテテが、教会中を走り回っていたのを彼はよく覚えていました。ご存じのように、洗礼は、あなたの母の考えではなく母の母、いわゆる、祖母（シーダ・ガイン）の考えだったのです。… 後に、水理学の専門家になられたハンス・アルバート、あなたは子供のころから水に魅せられていたのですね。すごい雨、そして、その中を面白そうに歩き回る子供たちの仲間に加わりたいという熱い願いを叶えさせてもらえなかったのですね。噴水も大変気に入ったのでしたね。

一九一三年の十一月に、アインシュタインは、研究を主としてたくさんの給料がもらえ、通常は行う必要

1914年のミレヴァ。4歳のエデュアルドと10歳のハンス・アルバートとともに。この写真はベルリンで撮影された。

のある講義もしなくてもよいベルリンのプロシア科学アカデミーの正会員に選ばれました。ミレヴァはベルリンに移ることに猛烈に反対しましたが、アインシュタインは固く決心をしていました。一家は、一九一四年の四月にベルリンに到着しましたが、七月には、ミレヴァと息子たちはチューリッヒに戻りました。アインシュタインのベルリンへの引越しは、結婚生活にとって致命傷となりました。

ミレヴァはアインシュタインの最も重要な三編の論文に貢献したのか？

一九五二年にR・S・シャンクランド（文献32、47頁）は、アルバート・アインシュタインに、どうやって一九〇五年に有名な論文を一度に出せたのか尋ねました。アインシュタインは、特別相対性理論の考えについて七年以上も研究していたと答えました。そうだとすれば、彼が特別相対性理論の研究をはじめたのは、ミレヴァがハイデルベルクからETHに戻って彼らが一緒に研究をやりはじめたころになります。

一八八九年の春から一九一一年の秋にかけて、ミレヴァは毎日静かにそして控えめに、公の目につかず、アインシュタインと同じ机で研究を続けました。彼女のアインシュタインの研究への貢献をはっきりさせることはできないでしょう。しかしながら、もし、「彼女の数学の力がマルセル（グロスマン）と同じ程度に優れていた」と考えれば、彼女の役割がわずかではなかったと思われます（文献26、35頁）。

アインシュタインが自分の考えについてミレヴァと議論したのは疑いのないことです（文献24）。彼の光電効果に関する論文は、五年間にもわたる熟考の結果でした。一九二二年に、アルバート・アインシュタインに授与されたノーベル物理学賞の賞状には、「あなたが発見した光電効果の法則と、理論物理学の分野の研究に対して」と書かれています。アインシュタインは賞品の小切手を受けとりミレヴァに渡しました。

アインシュタインのいないミレヴァの生活は本当につらいものでした。彼女はずっとアインシュタインを愛していました。私は一九七一年にハンス・アルバートにその当時について聞いたとき、彼の目に悲しみが走るのを見て、話題を変えました。

一九一九年の二月に、アインシュタインからの申し出で、二人は正式に離婚しました。息子たちは、母親と一緒に住むことになりました。アインシュタインは彼女が、子供たちを養育して教育することに、全幅の信頼を持っていました。彼女は彼の信頼に値するものでしたが、大変つらいことでした。アインシュタインとミレヴァは交流を保ち続け、彼はしばしばチューリッヒにいる彼女と息子たちを訪ねました。

ハンス・アルバートは賢く、心身ともに十分発達した少年で、母親は彼に関する限り何も問題はありませんでした。エデュアルドはたびたび病気にかかり、健康状態は悪化する一方でした。彼女の人生は一九四八年に亡くなるまで、エデュアルドの面倒に専念しました。

ミレヴァの母は一九三五年に亡くなり、妹は彼女が最後にノーヴィ・サードを訪問していた一九三八年に亡くなりました。彼女の晩年の七年間は、健康が優れませんでした。彼女は生涯変形した腰に悩まされました。二本の足のうち、一本が短くて痛みを伴い、彼女の最後数年間は深刻な心臓病にも悩まされました。ミレヴァ・アインシュタイン＝マリッチは一九四八年八月四日に亡くなり、チューリッヒのノルトハイム墓地に埋葬されました。

付録 B

ハンス・アルバート・アインシュタインの水理学への貢献についての個人的な感想

ウォルター・H・グラフ 著

スイスのロザーンヌにある連邦工科大学（ETH）の教授であり、水理学研究所所長であるグラフ博士は、一九六三年に、ハンス・アルバートの指導のもとに博士号を取得しました。彼は、ハンス・アルバートの大学院生の研究助手として一九六〇年から一九六三年の終りまで研究をしました。グラフ博士は、ハンス・アルバートとともに研究した Hydraulics of Sediment Transport（土砂輸送の水理学）という権威のある本を著しました（文献17）。

科学の分野における活力と成長は、研究、教育とそれらの組織によります。研究とは、新しい考えを展開し、それらを既存の知識にまとめ、新しい知識をほかの分野の人々に使ってもらえるようにすることです。教育とは、上手に組み立てられた最新の知識を将来の世代に伝えることです。組織は、研究と教育がうまくいくようなよい環境をつくるのに必要となります。実験施設や計算機施設のような物理的組織を持ち、学部並びに大学院教育プログラムを有する教育組織を持つことが重要です。同様に、学会、シンポジウム、ワークショップなどを組織でき、役に立つ知識を適切に実行し、広める役割を果たす学会や政府機関のような専門機関を持つことが必要となります。

水理学は科学の一分野で、今なお大きな影響力を持っています。これは、賢い洞察力と私心のないサービス精神を持った優れた人たちなしには決してなしえませんでした。一九三五年から一九七〇年にかけて水理学は黄金時代を築き、多くの人たちがそれに関与しました。とりわけ、我々の専門分野の繁栄と開発に携わった数人の卓抜した方々がおられました。その一人がハンス・アルバート・アインシュタインです。彼は高名な研究者であっただけでなく、教育者としても卓越していました。多くの水理学者にとって、彼個人は今なお発想の源であり続けています。彼の貢献は水工学のあらゆる分野に波及しています。

妻のエリザベス・ロボズ・アインシュタインによって書かれたハンス・アルバート・アインシュタインの本は、水理学の歴史についての素晴らしい寄稿です。科学と専門分野に関する著作、並びに講演などを通じてよく知られ、しかも著名な父親の息子、子供時代と学生時代、夫、個人的な友人、世界を巡る旅行者としての言わば彼個人を別の視点から光をあてながら、人間ハンス・アルバート・アインシュタインをうまく表現しています。私のハンス・アルバート・アインシュタインの思い出が、この本に私的な見方を追加できれば幸いです。

私は、ずんぐりした外見にもかかわらず俊敏な動きをし、いつも微笑みを浮かべていたハンス・アルバート・アインシュタインの姿を今でも思い出します。机に向って震える手ではっきりときれいに書き物をするときには、金属フレームの眼鏡は、いつもやや後退した額の上に引き上げられていました。彼は常日ごろ古びた長持ちするブルーグレーのスーツに、唯一目立つものとして手織の褐色ネクタイをつけて出勤していました。彼はどこへでも行ける厚いゴム付の靴を履いていました。この靴はヨーロッパのどこかで手に入れたのでしょう。

ハンス・アルバート・アインシュタインは私の覚えている限り、生活スタイルは質素で必需品のみで生活していました。ですから、ずっと前に製造され何年も乗り古し、とてもアメリカ経済の足しにもならないアメリカ車を楽しんでいました。彼はとても控えめで、職員食堂で皆と食事をせず、まず昼食を食べて、その後、角のドラッグストアでお決まりのコーヒーを飲んでいました。

ハンス・アルバート・アインシュタインは科学的で専門的な議論にはいつも応じましたが、それ以上のことに関しては消極的でした。学部生に対しては、水理学の原理を何度も説明することを厭いませんでした。大学院生に対しては、学生の研究の全ての段階で常に議論の相手になっていました。エンジニアに対しては、彼の理論的洞察を簡単な言葉で伝えようとしました。専門を同じくする同僚に対しては、水理学全般に関し、親切で信頼のおけるアドバイザーとしての役割を果たしてくれました。

私は何度も目撃したのですが、ハンス・アルバート・アインシュタインは細かい事務処理にはあまり関心がなかったようです。しばしば、事務的な決断が必要な場合には、同僚または有能な秘書が机の上に山積みにされた書類の中から重要書類を捜し出す手助けをしていました。

ハンス・アルバート・アインシュタインは私が覚えている限り、かなり引っ込み思案で表に立つことを好まないようでした。素晴らしい父親のこと、家族のこと、あるいは、哲学的そして宗教的信条を一言だに口にしませんでした。話題が音楽でない限り、相手の専門以外の事柄には全く興味を示しませんでした。

この引っ込み思案の性格にもかかわらず、ハンス・アルバート・アインシュタインは水理学と水工学の分野での多くの貢献をし大変有名な学者になりました。彼の一九五〇年の研究論文、The Bed Load Function for Sediment Transport in Open Channel Flows（開水路流れにおける土砂輸送の掃流砂関数）は、河川水理のあらゆる知識を統合したものと言えます。この論文は水理学全般を通じて最も引用される文献のひとつです。彼は友人や崇拝者が世界のいたるところにいて、世界中から頻繁に講演を依頼されました。彼は専門分野のどのような議論にも門戸を開いていました。ですから、ハンス・アルバート・アインシュタインは私たちの専門分野の真の先駆者を代表するようになりました。

ハンス・アルバート・アインシュタインの功績の幾つかを示しましたので、彼の基本的な関心について言及したいと思います。ハンス・アルバート・アインシュタインは、不思議なことに、退去したヨーロッパ大陸と移住した北米大陸双方の水理学の発展を大変気にしていたようです。確かに、彼は新しい風潮をつくるのに尽力しました。彼は、水理学の発展に対し、何度も彼の考えを示しました。そして私も同じように気になることがあります。この難しい論点について少し考えを書こうと思います。以下は、私たちの専門―いわゆる科学分野としての水理学―に役立つように願って書いた私見です。

一九二〇年代から一九三〇年代にかけてヨーロッパで育くまれた水理学は確かな進歩を遂げ、若きハンス・アルバート・アインシュタインが携わっていた水工学と健全なフィードバックの関係を持っていました。当時のアメリカの水理学は、もっぱら実験的でした。しかし、一九三〇年代の後半から理想流体の水理学から実在流体の水理学への重要な転換がはじまり、これは、主としてアメリカで進行しました。ハンス・アルバート・アインシュタインは、ほかの人たちとともにこの転換に大いなる貢献をしました。この啓発の結果、海岸工学や河口工学、二相流、土砂輸送、混合現象、地下水水理学、物理水文学といった新しい水理学の分野の基盤研究がはじまりました。これらの研究はすべて、今日の水資源と環境を論理的で責任ある方法で管理するために、今日においても大変重要であるとされています。

ヨーロッパの水理学は同じようには進展しませんでした。逆に、著しい後退が生じました。ヨーロッパ人は、建設会社のためのお決まりの模型実験をはじめ、水工学の実証面ばかりに夢中になっていました。アメリカの研究機関だけは、水工学の進展は斬新な水理学の研究と教育のみを通じて達成されること、水工技術はプロジェクトが終った後でも学べるということを早々に認識していたのです。アメリカの水理学者は、建設のための水工技術は専門分野のほんの基礎的な一部分にすぎないと的確に認識していました。ヨーロッパは、たやすく入手できるアメリカの出版物を通して、この最新の知識を得なければならず、かくして、ヨーロッパの水理学は二次的な役割にすぎないことを認めざるを得なくなりました。この手法は今でも取られています。それは、ヨーロッパの公立学校が旧式の教育方針に固執し、未だ近代化が大変な抵抗を受けていることからもわかります。水理学と水工学の講義時間の比率は、ヨーロッパでは大体一対二で、アメリカでは少なくとも二対一です。大抵のアメリカの大学では水理学実験を必修としていますが、ヨーロッパではそうではありません。私がヨーロッパからバークレーに大学院生として来たとき、ハンス・アルバート・アインシュタインはこの欠点を知っており、「君はエネルギー方程式を本当に理解していますか？　それがちゃんと機能しているのを見たことがありますか？」と私に尋ねました。彼はやさしい心遣いから私を「ウエット・ラボ（訳者注：濡れた実験室の意）」に連れて行き、エネルギー方程式の持つ物理学と数学が現実のものであることを示してくれました。うまくいけば、近いうちに近代水理学がヨーロッパの教育と研究機関に定着すると思います。そうなれば、伝統的な水工学が再び次世代の水工技術者のために栄えある存在感を我々の専門分野に持つことになります。

ハンス・アルバート・アインシュタインはおそらく、ほとんど水理学を学ばない水工学を中心とするヨーロッパ方式も、ほとんど水工学を学ばない水理学を中心とするアメリカ方式のどちらも好まなかったのです。研究者として教育者として、彼はどちらの方式も健全な解決策ではないと思っていたに違いありません。

ハンス・アルバート・アインシュタインはヨーロッパで経歴をスタートさせました。スイスとドイツでの自分の研究をいつも高く評価していました。一九三〇年代にアメリカに移住してから、学問の状況がすっかり変わりました。残念ながら、彼はヨーロッパの実験所を訪問したときに、ヨーロッパに的を射た論文が少なく、水理学におけるヨーロッパの遅れを直視しなければなりませんでした。

ハンス・アルバート・アインシュタインは大変ヨーロッパ人的でヨーロッパに帰ることも十分考えられましたが、それは実際上不可能でした。ヨーロッパの仕組みは、ヨーロッパ方式と整合するために、アメリカで先駆的な研究の一翼を担ったハンス・アルバート・アインシュタインのような人に助けを乞うことは到底できませんでした。同時に、ハンス・アルバート・アインシュタインもまた、おそらく旧来のヨーロッパの組織では、とても専門的な期待に応えることができないと確信していました。したがって、不幸なことに、水理学の知識とその発展に寄与する大陸間の調整役としてのハンス・アルバート・アインシュタインの潜在的な役割は、決して果たされませんでした。そのかわり、彼は定年になるまでカリフォルニア大学バークレー校の水理学教授として卓抜した研究を継続することができました。

ハンス・アルバート・アインシュタインを総合的に見ると、生い立ちや遺伝的にはヨーロッパ的、論理の組み立てと研究成果はアメリカ的、見解や強い影響力は世界的であった一人の科学者を私たちは有していたと思います。このような科学者に私たちの専門分野は大変な恩恵を受けているのです。彼らこそが水理学集団を鼓舞してくれているのです。

付録 C

ハンス・アルバート・アインシュタインの水理学への貢献

シェ＝ウェン・シェン 著

カリフォルニア大学バークレー校土木工学科教授のシェン博士は、一九六〇年に、ハンス・アルバート・アインシュタイン教授の指導のもと博士号を取得しました。二人は、専門分野での交流を続けるとともに、ハンス・アルバート・アインシュタインが亡くなるまでずっと親しい交友関係を保ちました。シェン博士はハンス・アルバート・アインシュタインの専門分野の貢献について、もっと詳しい論説を発表しています（文献35）。

今日に至るまで、ハンス・アルバート・アインシュタインの河川水理学への貢献度は、世界中の誰よりも卓越しています。彼が亡くなってすでに二十年近く（訳者注：執筆当時）になりますが、彼の貢献、研究成果、発想が、広範にわたり使われています。彼の研究結果や発想が、今でも、主要な実験研究所で検証され、さらに拡張されています。ハンス・アルバート・アインシュタインは、河川水理学の専門家の最大の会議の一つである省庁間流砂会議の一九六二年の第二回で「流砂学の父」と賞賛されました。

彼の河川水理学に対する影響は抜きん出ています。長年にわたって、技術者はある河川で実測した流砂濃度を、その河川の流量と関係づけようと努力してきました。ハンス・アルバート・アインシュタインは、全流砂量は微細粒子の流砂量と河床構成材料からなる流砂量に分割して考慮されるべきであると提案しました（文献12）。彼は、微細粒子流砂量は河川上流域からの微細粒子の供給量の関数であり、下流地点における流れの流砂能力とは直接的な関係はないと正確に述べています。ハンス・アルバート・アインシュタインは全流砂量から微細粒子流砂量を区別する幾つかの方法を提案しました。微細粒子流砂量と河床構成材料流砂量を別々に扱う考え方は、かなり画期的でした。それ以後、そして彼の提案のゆえに、多くの流砂量公式は、河床構成材料流砂量（全流砂量ではなくて）の変動を河川の流れの状態に関連づけて開発されてきました。

洪水管理のひとつの重要な要素は、河床抵抗の関数による洪水水位の予測にあります。ハンス・アルバート・アインシュタイン（文献13）は流体力学の原理に基づいて、表面抵抗と形状抵抗を分けて導入しました。彼は河川の河床波の表面抵抗は、管路流の表面抵抗として扱うことができると仮定しました。ハンス・アルバート・アインシュタインは実験と実測資料から、形状抵抗は流砂量の関数であると規定しました。彼の形状抵抗と表面抵抗を決める手順は完璧ではありませんでしたが、今日使われている一般的なアプローチは、依然として、彼の手法を受け継いでいます。多くの研究者（文献1、14、25、33）はハンス・アルバート・アインシュタインの手法を修正しようと試みましたが、残念ながら、完全に満足のいく方法は未だに見つかっていません。世界中の多くの洪水防御プロジェクトはハンス・アルバート・アインシュタインの河川流路の抵抗解析に基づき、成功裏に設計されてきたのではないでしょうか。

ハンス・アルバート・アインシュタインは、おそらくアメリカ合衆国土地保全局技術報告書１０２６（一九五〇）に記された掃流砂関数の開発で、最もよく知られています。この掃流砂関数は数々の重要な概念と手法を導き出しました。

最初に、掃流砂の運動は、全抵抗ではなくて表面抵抗とつながる局所的せん断応力と関連するべきだと明示したことです。そして第二に、掃流砂礫の運動を記述するにあたり、確率論的なモデルを使用しはじめたことです。ハンス・アルバート・アインシュタインの確率論的モデルは均質なポアソン過程に基づいていました。これに続く多くの流砂運動を表す確率論的モデルはハンス・アルバート・アインシュタインのポアソン・モデルの変形だと考えられます（文献36を参照してください）。ハンス・アルバート・アインシュタインの掃流砂モデルは、今でも異なった大きさの河床粒子の動きの相互干渉を考慮した唯一の利用可能で包括的な解析手法です。ハンス・アルバート・アインシュタインの有名な掃流砂関数は実際に適用され、世界中で掃流砂量と浮遊砂量の計算に使われています。

後になって、ハンス・アルバート・アインシュタインは河川形態学の研究をはじめ、彼の講義の多くは直線と蛇行区間の二次流の発達についてでした。彼は世界中を旅行し、世界の河川を調査するのに膨大な時間を費やしました。残念ながら、彼がもくろんでいた自身の経験を総括する機会はありませんでした。「河川の自然の癖と流水の強さに尊敬の念を払ってください！」という彼のメッセージによって、彼を思い出すことができるでしょう。

ハンス・アルバート・アインシュタインは学生に対して忍耐強い先生でした。ですから、私たちは皆、彼の親しみやすさと心の暖かさに大変感動させられました。彼が退官したとき、学生たちは、彼の名誉を讃えてシンポジウムを開催しました。当時、アメリカにいた彼の指導で博士号を取得した学生たち全員が、夫人連れで参加しました。シンポジウムの論文集の販売利益が、カリフォルニア大学バークレー校の水理学と海岸工学グループの大学院生のためのハンス・アルバート・アインシュタイン奨学金の設立基金として使われました。

参考文献

1) Alam, A.M. and J.F. Kennedy. 1969. Friction factors for flow in sand-bed channels. Journal of the Hydraulics Division, ASCE 95(HY6): 1973-1992.

2) Born, M. and A. Einstein. 1971. The Born-Einstein Letters. New York: Walker and Co.

3) Clark, R. W. 1971. Einstein: The Life and Times. New York and Cleveland: World Publishing Co.

4) Einstein, A. 1949. Autobiographical notes. In Albert Einstein: Philosopher¬Scientist, ed. P.A. Schilpp. Evanston, Ill.: Library of Living Philosophers, Inc.

5) Einstein, A. 1956. Letters à Maurice Solovine. Paris: Gauthier-Villars.

6) Einstein, A. and M. Besso. 1972. Einstein-Besso Correspondence, 1903-1955. Paris: Hermann.

7) Einstein, A. and R. Swing. 1945. Einstein on the atomic bomb. Atlantic Monthly 176: 43-45.

8) Einstein, E.R. 1976. Discussion of "Hans A. Einstein's contributions in sedimentation." Journal of the Hydraulics Division, ASCE 102(HY1): 112-115.

9) Einstein, E.R. 1982. Proteins of the Brain and Cerebrospinal Fluid in Health and Disease. Springfield, Ill.: Charles C. Thomas Publishers.

10) Einstein, H.A. 1936. Der Geschiebetrieb als Wahrscheinlichkeitsproblem. Doctoral dissertation, ETH-Zurich.

11) Einstein, H.A. 1950. The Bed Load Function for Sediment Transport in Open Channel Flows. U.S.D.A., Soil Conservation Service Technical Bulletin 1026.

12) Einstein, H.A., A.G. Anderson and J.W. Johnson. 1940. A distinction between bed load and suspended load in natural streams. Transactions, American Geophysical Union 21: 628-633.

13) Einstein, H.A. and N.L. Barbarossa. 1952. River channel roughness. Transactions, ASCE 117: 1121-1146.
14) Engelund, F. and E. Hansen. 1972. A Monograph on Sediment Transport in Alluvial Streams. Copenhagen: Teknisk Forlag, 82.
15) Forsee, A. 1963. Albert Einstein: Theoretical Physicist. New York: MacMillan Co.
16) Frank, P. 1967. Einstein, His Life and Times. New York: Alfred A. Knopf.
17) Graf, W.H. 1971. Hydraulics of Sediment Transport. Series in Water Resources and Environmental Engineering. New York: McGraw-Hill.
18) Kahler, A.L. and T. Edgar. 1985. My years of friendship with Albert Einstein at the thirtieth day of death, 18 April 1985. The Princeton Recollector 9(4): 1, 6, 7.
19) Kollros, L. 1956. Albert Einstein in Switzerland (in French). In 50 Jahre Relativitätstheorie (Berne, July 11-16, 1955), Helvetica Physica Acta Supplement IV. Basel: Birkhauser Verlag.
20) Kornitzer, B. 1952. Einstein is my father: Albert and Hans Albert Einstein. Chap. 3 in American Fathers and Sons. Np: Hermitage House.
21) Krstić, D. 1971. Matica Srpska (Novi Sad), collected papers. Natural Sciences 40: 190, note no. 2 (in Serbian).
22) Krstić, D. 1974. The wishes of Dr. Einstein. Dnevnik (Novi Sad) 28 (9963): 9 (in Serbian).
23) Krstić, D. 1975. The education of Mileva Marić-Einstein, the first woman theoretical physicist, at the Royal Classical High School in Zagreb at the end of the 19th century. Collected Papers on History of Education (Zagreb) 9: 111 (in Serbian).
24) Krstić, D. 1976. The first woman theoretical physicist. Dnevnik (Novi Sad) 30: VIII/21 (in Serbian).
25) Lovera, F. and J.F. Kennedy. 1969. Friction-factors for flat-bed flows in sand channels. Journal of the Hydraulics

Division, ASCE 95(HY4): 1227-1234.

26) Michelmore, P. 1962. Einstein, Profile of the Man. New York: Dodd, Mead and Co.

27) New York Times. 13 October 1937. Dr. Einstein welcomes his son to America. p.3.

28) Okamoto, I. and K. Koizumi. 1981. Albert Einstein in Japan, 1922. American Journal of Physics 49: 930-940.

29) Pais, A. 1982. Subtle is the Lord: The Science and the Life of Albert Einstein, Oxford and New York: Oxford University Press.

30) Seelig, C. 1956. Albert Einstein, A Documentary Biography. Translated from the German by Mervyn Savill. London: Staples Press Limited.

31) Seelig, C. 1960. Albert EinsteinC. 1960. ress L eines Genies unserer Zeit. Zurich: Europa Verlag.

32) Shankland, R.S. 1963. Conversations with Albert Einstein. American Journal of Physics 31: 47-57.

33) Shen, H.-W. 1962. Development of bed roughness in alluvial channels. Journal of the Hydraulics Division, ASCE 88(HY3): 45-58.

34) Shen, H.-W. ed, 1972. Sedimentation: A Symposium in Honor of H.A. Einstein. Fort Collins, Col.: Colorado State University.

35) Shen, H.-W, 1975. Hans A. Einstein's contributions in sedimentation. Journal of the Hydraulics Division, ASCE 101(HY5): 469-488.

36) Shen, H.-W. and C.S. Hung. 1971. Appendix. In River Mechanics, Vol. II, ed. H.-W. Shen. Water Resources Publication. Volume 1: The Early Years. 1879-1902. Princeton, N.J.: Princeton University Press.

37) Tallmer, J. 23 May 1963. Sons of the famous. New York Post Daily Magazine. p. 27.

38) Whitrow, G.J., ed. 1967. Einstein: The Man and His Achievement. London: British Broadcasting Co.

訳者の言葉

私の出身地は大分県宇佐市で、名古屋大学土木工学科、同大学院にて、水工学を専攻し、河川の蛇行研究で修士号を取得後、一九七一年にアメリカ合衆国州立アイオワ大学博士課程に入学し、そこで多くのことを学び博士の学位を取得しました。その後引き続き、アイオワ大学水理学研究所で、水工学、河川工学、土砂輸送、水理構造物、原子力発電冷却系統等の研究を続け、二〇〇二年にはアイオワ州のミシシッピィー河沿いに河川環境研究所の設立に加わりました。このプロジェクトでは、ミシシッピィー河とその支川に生息する絶滅の危機に瀕するヒギンズアイ貝について生物学の専門家とともに連邦政府水産試験所で育成された幼年貝を良い環境の場所に放流し、増殖に力を注ぐなど、多くの重要な研究成果を得ました。私は、二〇〇八年に三十年余アイオワ大学水理学研究所での勤務を終え退官しました。

退官後は、もっぱら竜巻被害地の瓦礫片付けのボランティアとして、パーカスバーグ（二〇〇八年アイオワ州）、フィル・キャンベル（二〇一一年アラバマ州）、ジョプリン（二〇一一年ミズリー州、二度訪問）、メァリーヴィル（二〇一二年インディアナ州）、ムーア（二〇一三年オクラホマ州）にて各州からのボランティアとともに汗を流しています。

この本の編集責任者であるジョン・F・ケネディ水理学研究所長（所長歴：一九六六―一九九一）は、私の大学院時代の指導教授であり、私が研究者となって以来、多くの共同研究を一緒に行ってきました。彼は、アルバート・アインシュタインの長男、ハンス・アルバート・アインシュタインの友人であったことから、ハンス・アルバート・アインシュタイン夫人であるエリザベス・ロボズ・アインシュタインの要請で、彼女が執筆した『ハンス・アルバート・アインシュタインの生涯と二人の生活』と題する回想録の編集に携わりました。ケネディ所長は、五十七歳の若さで癌で亡くなる直前にこの本を出版することができました。ケネディ所長は日本に多くの知己を得、度々日本を訪問しました。日本の文化をこよなく愛し日本の水工学の水準の高さを評価し、亡くなった年の二月にもケネディ所長がアイオワ大学水理学研究所のヤコブ・オドガード博士と共同で考案した河川のベーン工等、河川構造物について、日本各地で現地指導をし、また特別講演等を行ないました。

ハンス・アルバート・アインシュタインが、河川の流砂に関する世界のリーダーであり、私は学生時代にアインシュタインの河川における掃流砂量式のお世話になったこと、またケネディ教授が編集責任者であったことなどから、ハンス・アルバート・アインシュタインの生涯について夫人が書かれた回想録を、私は日本に紹介したいと常々思っていました。四十年以上もの間、手紙以外日本語で正式な文章を書いていなかった関係もあり、大変迷い、この思いを友人である中央大学研究開発機構の福岡捷二（しょうじ）教授に伝えたところ、私と一緒にアインシュタインの本を日本語に翻訳をすることを快く引き受けてくれました。彼は、私がアイオワ大学に行く数か月前にアイオワ大学水理学研究所で博士号を取得し、現在、中央大学で河川の研究を続けています。彼は、ハンス・アルバート・アインシュタインと同じ分野の研究をしており、河川の水理と河道設計に関する世界的リーダーでもあります。

ほぼ二年に及ぶ二人三脚での努力が実り、ようやく翻訳本の出版に漕ぎ着けました。個人の名前を控えますが、本書に出てくる多くの東欧そして西欧の地名、人名の日本語訳に関して、たくさんの方々の教えを頂きました。また、出版許可や写真の提供などアイオワ大学水理学研究所ならびに職員の方に大変お世話になりました。私ども二人の共訳者は、故ケネディ所長から教育並びに研究のすばらしさを教わりました。この翻訳書を故ケネディ所長に捧げ、心からのお礼といたします。
最後に技報堂出版の石井洋平氏には出版にあたって大変なご尽力を頂きました。記して謝意を表します。

二〇一五年五月末日。

中藤 達昭

【訳者紹介】

中藤 達昭：元・アメリカアイオワ大学水理学研究所副所長
福岡 捷二：中央大学研究開発機構教授

ハンス・アルバート・アインシュタイン
彼の生涯と私たちの思い出　　定価はカバーに表示してあります。

2015年6月25日　1版1刷　発行　　ISBN 978-4-7655-1817-8 C1051

訳　　者　中　藤　達　昭
　　　　　福　岡　捷　二
発 行 者　長　　　滋　彦
発 行 所　技報堂出版株式会社
〒101-0051　東京都千代田区神田神保町1-2-5
電話 営業 (03) (5217) 0885
　　 編集 (03) (5217) 0881
FAX　　 (03) (5217) 0886
振替口座 00140-4-10
http://gihodobooks.jp/

日本書籍出版協会会員
自然科学書協会会員
土木・建築書協会会員

Printed in Japan

装幀　田中邦直　　印刷・製本　三美印刷